산업과 지역연구 총서

Industrial Change and Locality in East Asia

동아시아의
산업변동과 로컬리티

산업과 지역연구 총서

Industrial Change and Locality in East Asia

동아시아의 산업변동과 로컬리티

성공회대학교 노동사연구소 지음

"이 저서는 2013년 정부(교육부)의 재원으로 한국연구재단의 지원을 받아 수행된 연구입니다.(NRF-2013S1A3A2054223)"

과제명: 산업변동과 로컬리티 기억의 재구성 (Industrial Change and Reshaping Locality Memories)

서문

　성공회대 노동사연구소는 한국연구재단의 SSK사업(한국 사회과학 연구 지원 사업)의 지원을 받아 2013년부터 부산대 기록관리학과와 사회학과의 연구자들이 "산업변동과 로컬리티 연구단"을 구성하여 공동 연구를 추진해 왔다. 이 책은 "산업변동과 로컬리티 기억의 재구성"을 주제로 연구단이 추진한 연구 성과를 수록하고 있다. "동아시아의 산업변동과 로컬리티"라는 책 제목과 같이 연구자들은 한국의 수도권과 동남해안의 공업지대만이 아니라 일본의 유서 깊은 철강공업 지대인 기타큐슈에서 진행되고 있는 산업구조 변동과 지역의 사회적 변화에 대한 고찰을 시도하고 있다.

　공동연구를 진행하는 과정에서 연구진은 한국의 사회변동을 거시적 시야에서 총체적으로 파악하려면 최소한 동아시아라는 광역 단위를 설정할 필요가 있다는 문제의식에 공감하였다. 그러나 로컬리티의 개념이 포괄적이며 "지역의 지리적 특성', "지역의 사회적 성격", "지역의 총체적 사회구조와 문화" 등으로 규정되고 있으며 현재까지 학계에서 합의한 명확한 정의가 존재하고 있지 않다는 애로가 있었다. 연구진은 결국 잠정적으로 로컬리티의 개념을 지역의 총체적인 "지리적, 사회적인 성격"으로 한정하고 하위 개념을 분석 가능한 수준으로 조작화 하는 방법을 선택했다. 여기에서는 중점적인 고찰 대상을 국내 산업구조 변동과 제조업의 국제이동이 초래하는 지역사회의 변화, 국제 노동력 이동과 이주민의 국내 정착, 시민 생활의 질적 개선이라는 사회적 과제와 기업의 이윤추구 행동의 조정 가능성, 지역을 근거로 하는 문화운동으로 선정하였다. 연구진은 담론의 세련화 보다는 실증적 자료에 입각한 현실 파악에 주력했다. 또한 이 책에는 한국연구재단에 공식적으로 등록된 공동연구원만이 아니라 연구 과정에 실질적으로 기여한 연구자(리지에셩)와 학문 후속세대(박주현, 정명자)들이 생성한 성과도 수록했으며 주요 내용은 다음과 같이 소개할 수 있다.

사회학 분야의 산업노동 연구자인 심상완은 지역 경제를 떠받치는 주력 산업인 조선업이 2008년의 미국발 리먼브러더스 쇼크 이후 구조적인 불황에 빠져 급격하게 일자리 위기를 경험한 통영시의 지역 고용 정책을 고찰하고 있다. 정부가 2013년 1월부터 2년간 고용특구(고용촉진특별구역)로 지정하여 특별 지원을 한 통영시 사례는 우리나라에서도 개인이나 기업뿐만 아니라 지역을 타겟으로 한 지역표적 고용정책이 실행되어 일자리 유지에 상당한 성과를 거둔 것으로 평가되고 있다. 심상완이 수행한 연구의 가장 큰 의의는 지역 고용정책의 전개 과정과 결과를 고찰하는 이론적 틀을 마련하기 위해 "지역 리질리언스(resilience)"의 개념에 입각해 경로의존적 변화를 해석하는 시각을 제시하였다는 점에서 찾을 수 있다. 탄력성이라는 의미를 가진 리질리언스의 개념을 적용하면 충격을 받은 시스템은 자체 복원력을 발휘하는 과정에서 시스템을 구성하는 요소들과 환경의 상호 작용과 피드백을 통해 충격에 조정 적응하는 기제가 발생한다. 지역경제는 개인, 기업 등 다양한 주체들과 기술 및 제도적 요소들로 구성된 복합 적응 체계이다. 여기에서는 끊임없이 "경쟁적 선택", "창조적 파괴"가 일어난다. 그러나 시스템으로서의 지역 경제가 발휘하는 조정·적응 능력은 이전부터 존재하는 지역 경제의 성격에 의존한다. 즉 조정·적응은 지역의 산업 유산, 이로부터 전승된 숙련, 자원과 기술의 조정 범위에 의해 영향 받는 경로의존적 과정이다. 이러한 시각을 통영에 적용하면 고용특구 지정은 지역 주체들이 중앙정부의 특별지원을 제공받기 위해 적극적으로 노력한 결과이며, 이를 통해 고용위기의 충격을 흡수하는 데 도움을 받았지만 통영시가 고용위기를 극복하기 위하여 적극적으로 대책을 수립하여 성공적으로 대응해 왔다고 할 만한 증거는 뚜렷하지 않다. 고용특구 지정기간을 1년 연장하기로 하면서 고용노동부는 통영시의 적극적인 지역발전 전략 수립 등 자구노력과 함께 고용부−통영시 공동으로 통영지역고용협의회를 운영하여 지정 효과의 실효성을 높이도록 했다. 실제로는 고용노동부가 지역을 대상으로 한 고용정책의 기본 경로의존이 계속되고 있다. 문자로는 지역이 주체가 되고, 지역맞춤형으로 지역고용정책을 만들어 실시하겠다고 하지만, 인원, 재정, 기구조직, 관행은 의연히 중앙집권적 구태를 탈피하지 못하고 있으며 지자체가 동원할 수 있는 자원과 역량의 한계가 노출되고 있다. 또한 지역맞춤형 일자리 사업을 담당할 비영리단체가 지역 내에 없어 거의 모든 사업을 외지 단체가 위탁 받아 수행하였다는 사례가 있다. 이와 같이 지역의 실업 대책 사업에 필요한 역량을 지역 내에서 육성, 재생산하는 안목과 기제가 지자체 내부에 부재하다는 현실은 한국 지방자치의 현실을 반영하고 있다. 역설적으로 산업 생산시설의 해외 이전이라는 문제에 대처하기 위해서도 지역 정치에 영향력을 발휘할 수 있는 시민적 주체의 형성과 활성화가 중요하다는 실천적 함의가 도출되고 있다.

　다문화 현상에 주목하고 있는 도시사회학자인 이태정은 서해안에 인접한 수도권의 중소 영세 하청 제조업체들이 밀집한 안산의 고려인 집단 거주지역을 고찰하고 있다. 방문취업 비자를 받아 우즈베키스탄에서 선부동의 땟골마을로 사실상 영주 귀국한 까레이쯔들은 주로 공장 노동에 종사하고 있으며 지역 공동체를 형성하고 있다. 이들과 내국인 사이에는 러시아어와 한국어를 서로 가르쳐주는 언어 교환 관계가 만들어지는 현상이 관찰되고 있다. 땟골마을에서 한국인 주민이 떠나는 자리를 메우던 까레이쯔들은 최근에는 귀국자가 늘어나 주거비용이 상승함에 따라 보다 임대료가 저렴한 외곽 지역으로 이주하고 있다. 이들은 한국 사회에 적응하여 정착하려는 노력을 적극적으로 기울이고 있으나 중국 동북지방에서 돌아 온 조선족이나 사할린에서 돌아온 고려인과 거주 지역이 다르며 사회적으로도 거리가 있다. 여기에서는 탈북자를 포함한 귀국 동포의 사회통합을 지원하기 위한 정책의 개발과 실시가 중요한 과제로 떠오르고 있다는 사실을 볼 수 있다. 이 사례는 탈냉전과 소련의 해체라는 세계사적 사건이 우즈베키스탄의 고려인들에게 다시 이주를 강제하는 압력으로 작용하였으며 안산의 주민 구성과 노동력 구성에도 영향을 미치고 있는 양상을 보여주고 있다. 즉, 세계화 시대에는 지구 수준의 변화와 지역적 변화를 통합적으로 파악하는 시각이 필요하다는 '글로컬라이제이션'(Glocalization) 현상이 나타나고 있다.

정치학의 시각에서 노동문제에 접근하고 있는 이재성은 2년간 사용한 비정규직 노동자의 정규직 전환을 의무화한 2007년에 제정된 비정규직 노동자 보호 입법에도 불구하고 노동현장에서는 이를 회피하려는 사용자와 노동자 사이에 새로운 분쟁이 일어나고 있는 현실을 분석하고 있다. 이 사례 연구는 가톨릭 계통의 병원에서 일하는 여성 급식 노동자들이 고용 유지를 위해 전개한 노동 운동에 대한 분석이며 정규직 노동자, 직접 고용 비정규직 노동자, 용역회사의 파견 사원이 작업장에서 공존하는 현실을 보여주고 있다. 이 연구는 사용자가 정규직 전환을 실질적으로 시행하도록 촉구할 수 있는 실질적인 정책수단이 구비되지 않은 상태에서 진행된 비정규직 노동자 보호 입법의 한계와 함께 노동시장의 유연화가 생활의 불안정으로 이어지고, 이는 결국 지역사회에 제공되는 공익적 성격을 가진 의료서비스의 질적 부실화로 귀결될 가능성이 증대하고 있다는 실태를 분석하고 있다. 그러나 현재 전국적으로 지자체에는 노사갈등 조정 기능이 사실상 부재하며 지역의 시민사회도 노동문제에 대한 발언은 소극적인 것이 현실이다. 즉 이 연구에서는 지역 수준에서 일과 생활의 조화라는 이상적 목표를 정책적으로 추구할 수 있는 정치적 환경의 조성과 이를 추진할 수 있는 시민적 주체의 형성이 중요하다는 정책적 함의를 찾을 수 있다.

문화현상에 대한 사회학적 분석을 시도하는 박주현은 인디밴드를 중심으로 젊은 저항적 예술인들이 생산하는 문화 컨텐츠와 지역적 활동 거점의 성격을 고찰하고 있다. 연구자는 제도적 민주화가 달성된 이후에 활동하는 세대에게는 비주류 예술 운동이 기존 사회운동을 지원하는 보조적 역할에서 벗어나 자율적 세계를 구축하는 것이 중요하며 정서적으로도 민주화 운동 세대와는 구분된다는 사실을 지적하며 논의를 시작한다. 이 연구는 2010년부터 2011년에 걸쳐 강제 철거 반대와 협상의 성공적인 사례로 꼽아지는 홍대 인근의 '두리반' 사건 이후에 전개된 예술 활동의 모습을 인디 밴드를 중심으로 고찰하였으며, 예술인의 사회 참여라는 프레임을 극복하고 '태도로서의 인디'가 문화운동으로 이어질 수 있는 경로에 대해 지역성을 바탕으로 분석하였다. "취향으로서의 인디"는 자신이 좋아하는 음악을 지향하는 활동, "태도로서의 인디"는 특정한 태도와 가치관을 중심으로 음악을 추구하는 활동으로 구분되었다. 연구자는 특정 지역 중심의 문화 활동이 지역사회에서 문화적 공공성을 갖게 하고 지역 정체성을 재생산하는 사실을 지적하고 있다. 그러나 현실적으로는 홍대 중심으로 인디밴드가 활성화되면서 지대가 올라가 다양한 새로운 인디 밴드가 등장하기 어렵게 되는 젠트리피케이션 현상의 악순환이 가시화되고 있다. 결국 상가세입자와 상가주인, 개발업자 간의 사회경제적인 문제를 둘러 싼 문화적 하부정치가 초점이 될 수밖에 없다. 현실 사회에서 "태도로서의 인디 음악"을 표방하는 대안문화 운동은 지역과 관계를 맺을 수밖에 없다. 연구자는 지역성과 지역 문화의 상호 작용을 중시하는 시각을 견지하고 있다.

일본에서 활동하는 중국계 경제학자인 리지에셩(李捷生)은 사실상 일본 철강 산업의 발상지라고 할 수 있는 기타큐슈시에서 산관학 협동으로 음식물쓰레기를 에탄올로 전환시켜 차량용 바이오연료로 사용하는 과정을 소개하고 있다. 특히 1980년대 후반부터 사양화되는 철강 산업을 대체할 수 있는 자동차공장과 대규모 국제 물류 거점을 건설하여 지역경제 활성화를 도모하려는 정책 구상이 실현되기 위해서는 환경 문제에 대한 지역 시민의 이해를 확보할 필요가 있었다는 사회적 배경에 주목할 필요가 있다. 세계적인 철강업체인 신닛테츠(新日本製鐵), 큐슈공업대학, 중앙정부, 지자체가 연계하여 기술, 연구비, 사용처를 확보하여 환경 문제를 해결하는 모습은 한편으로는 기업의 사회적 책임 이행과 정당성 확보 과정을 보여주고 있으며 다른 한편으로는 오랜 기간 동안 공해의 대명사였던 제철소에 대해 문제를 제기해 온 환경운동의 성과를 반영하고 있다. 또한 원료인 음식물쓰레기의 분리수거를 위한 시민의 협력만이 아니라 시와 기업이 바이오연료를 차량에 사용하여 판로를 확보할 수 있도록 협력하는 체계가 구축되었다는 사실이 중요하다. 이는 현실적으로 작동 가능한 기업과 지역의 협력 모델을 보여주고 있다. 여기에서 만들어진 현지 생산과 현지 소비에 입각한 지역순환형 에너지 이용 체계는 일본의 다른 지역으로도 전파될 수 있는 가능성을 가지고 있다는 의미가 있다.

사회학 연구자인 정명자가 작성한 부록 "부산, 경남의 산업과 노동"은 지역의 관점에서 정리한 통계를 수록하고 있다는 특징을 가지고 있다. 이는 한국의 공업화 초기에 수도권과 더불어 대표적인 공업지대로 발전하였으며 1970년대 이후에는 중화학공업 지대로 전환된 동남권 공업지대의 로컬리티 연구를 위해 갖추어야 할 기초 자료이다. 또한 연구자는 해외 저임 지역으로 이전한 노동집약적 경공업을 대체할 수 있는 새로운 산업 기반의 구축이 지역 활성화를 위해

시급한 과제로 부각되고 있다는 사실을 지적하고 있다.

　이상에서 소개한 연구 성과는 모두 공동 작업을 거쳐 산출되었으며 리지에셩의 기고 논문도 사이버 공간과 현실 공간에서 연구진과 치밀한 토론을 거치며 완성되었다. 국내 학계에서 아직 생소한 개념인 로컬리티에 대해 여러 전공의 연구자들이 학제적으로 접근하여 실증적인 분석을 시도할 수 있었다는 사실 자체에 연구진은 보람을 느끼고 있다. 또한 지역을 기준으로 사회 현상을 관찰할 경우에 새로운 다수의 연구 과제가 떠오른다는 사실을 경험한 것도 연구진에게는 귀중한 지적 자극이 되었다. 그러나 연구 과정에서 많은 자료를 수집하였음에도 불구하고 연구진은 로컬리티 연구에 대한 접근 방법을 이론적으로 충분히 체계화하지 못하였으며, 이는 추후의 과제로 남길 수밖에 없었다는 사실을 인정한다. 2년이라는 짧지 않은 시간동안 시간과 연구 자원의 제약에도 불구하고 상호 협력을 아끼지 않은 연구자와 다수의 협력자 여러분의 노고에 대해 이 자리를 빌려 감사의 말씀을 전한다. 마지막으로 이 책에서 발생할 수 있는 오류는 전적으로 연구책임자와 노동사연구소의 책임으로 귀속될 수밖에 없으며 독자 여러분의 아낌없는 지적과 질책을 고대하고 있다는 점을 밝힌다.

2015년 6월 10일
성공회대 노동사연구소장 이종구

CONTENTS

CHAPTER

1

대불황에 대한 지역 리질리언스:

중소조선소 고용위기와 통영시 고용특구

심상완

1. 서론

글로벌 경기 침체에 따른 해운 조선경기 불황으로 인한 중소 조선
업체들의 파산, 부도, 일감 부족 등으로 고용상황이 크게 악화된 통
영시는 정부에 의해 고용촉진특별구역(고용특구)으로 지정되어 2013년
1월부터 2년간 특별지원을 받았다. 이 글은 통영시 고용특구의 사례
연구를 통해 글로벌 대불황으로 인한 지역의 고용 위기와 그 대응에
대하여 고찰한 것이다.

2008년 미국발 경제위기로 촉발된 '대불황'(Great Recession)은
가히 지구적으로 확산되어 장기 지속되고 있지만, 이로 인해 각 지
역이 경험하는 구체적인 충격은 균일하지 않고 지역에 따라 천차만
별이다. 글로벌 경기침체에도 불구하고 큰 어려움을 경험하지 않는
지역이 있는가 하면, 대규모 공장의 조업 중단, 협력업체의 연쇄 도
산 등으로 지역경제와 고용사정이 재난적으로 악화된 지역들이 발
생하고 있다. 지역에 따라 경제위기의 충격이 상이할 뿐만 아니라,
그러한 충격을 흡수 적응하거나, 불황이나 침체에 대응하여 극복하
는 정도도 편차가 크다.

중앙정부가 수립한 정책을 각 지역에서 일률적으로 집행하는 중

앙집권적 고용정책으로 일관해 온 우리나라에서 2000년대 중반 고용정책의 현장성, 지역의 특성이 강조되고, 지역밀착형 고용정책이 추진되면서부터 지역이 고용정책의 한 범주로 등장했다고 할 수 있지만[1], 지역별로 상이한 고용위기의 전개는 새로운 정책적 대응을 요구했다. 2009년 정부는 고용위기가 심각한 지역에 대해 특별 지원을 제공하기 위한 정책의 일환으로 '고용개발촉진지역제도'를 도입했다[2]. 고용사정이 현저하게 악화되거나 악화될 우려가 있는 지역에 대하여 고용안정과 일자리창출 등의 지원 사업을 원활하게 하는 것을 목적으로 도입된 고용개발촉진지역은 그 명칭이 2013년 고용촉진특별구역(이하 고용특구)으로 이름이 변경되었다. 이 제도는 특정 지역을 선정하여 고용정책면에서 특별한 지원을 하는 지역 표적 고용정책(spatially targeted employment policy)[3]이라는 특성을 갖고 있고, 우리나라에서 바야흐로 고용문제에 대한 대응에서 '사람기반 정책'(people-based policy)뿐만 아니라 '장소기반 정책'(place-based policy)도 중시되기 시작했음을 시사한다. 장소기반 정책은 사람이나 기업이 아니라 지역을 타겟으로 한다.[4]

고용위기에 처한 지역을 타겟으로 하는 고용특구제도는 지정된

---

1) 참여정부가 지역균형발전을 강조한 가운데 2004년 지역차원의 고용 및 인적자원개발정책을 도입했고, 2006년부터 지역맞춤형 일자리창출 지원사업을 실시하면서부터 고용정책의 현장성, 즉 지역의 특성을 반영한 지역밀착형 고용정책이 추구되기 시작했다. 우리나라 지역고용정책의 전개과정과 주요 쟁점에 대해서는 류장수(2013) 참조. 고용특구 제도는 '지역일자리 목표 공시제' 및 '지역맞춤형 일자리사업'과 더불어 현 단계 우리나라 지역고용정책 진화의 최전선에 있다.

2) 이 제도에 따라 평택시는 2009년 8월부터 1년간 고용개발촉진지역으로 최초로 지정되었고(고용노동부, 2010; 이시균 외, 2013), 통영시는 그 두 번째이다.

3) 주요 선진국 지역타게팅 정책에 대해서는 전병유 외(2009) 참조

4) 초기 장소기반 정책의 한 대표적 사례는 미국의 테네시계곡개발(TVA)이었다. People-based approach와 대비되는 Place-based approach의 이점에 대해서는 다양한 논거가 제시되나 집적의 경제, spill-over, 생산성 향상 등이 핵심적이다(Martinez-Fernandez et als, 2011; Neumark and Simpson, 2014).

지역에 대해 응급 대응 차원의 특별지원을 제공하도록 한다. 과연 통영시 고용특구 지원사업은 어떻게 도입되었으며, 실제로 계획되고 실현된 내용은 무엇이고, 그 구체적인 성과와 문제점은 무엇인가?

2. 지역 리질리언스의 시각

1) 리질리언스의 주요 유형과 정의

이 문제를 접근하기 위한 개념적 틀로서 최근 지역연구 및 경제지리학 분야에서 활발하게 논의되고 있는 지역 리질리언스(resilience)의 시각이 유용한 것으로 보인다(Martin and Sunley 2014; Boschma 2014; Martin 2012; Simmie and Martin, 2009). 리질리언스는 'resilire'라는 라틴어에 어원을 두고 있는데 모종의 동요나 혼란을 경험한 이후 탄력 있게 형태와 위치를 회복한다는 뜻을 갖고 있다.[5] 심리학과 생태학 분야에서 사용되어 온 이 말은 오늘날 다양한 분야에서 사물 또는 시스템의 인지된 (긍정적) 속성이자 규범적으로 권장하고 육성해야 할 바람직한 특징으로 논의되고 있다.[6] 지역사회경제 분야에서

---

5) 우리말로는 탄력, 탄력성(김원배 신혜원, 2013), 회복력(하수정, 2012), 복원력(이상호, 2015) 등으로 번역된다.

6) 예를 들어, 재난대응과 환경관리 분야에서는 지역사회가 홍수, 지진, 등과 같은 극한적 재난에 대처하는 방식과 관련해 이 개념을 사용하고 있다. 공학, 교통, 건축 분야에서는 인구성장, 기후변화와 화석연료 고갈의 위협에 직면하여 도시 하부구조의 내구성, 지속가능성 및 적응 능력을 논의하기 위해 이 개념을 원용한다. 조직론이나 경영학 쪽에서는 기업 등의 조직들이 글로벌한 시장에서 생존 번창하기 위해 채택해야 할 전략들을 검토하는 데 이 개념을 끌어들인다. 심리학자들은 개인들이 개인적 상실과 트라우마에 대처하고 회복할 수 있도록 하는 행동과 가치 체계에 초점을 맞춘다(Bonnano, 2004).

이 용어는 최근 대부분 지역 사회경제시스템이 충격이나 혼란에서 회복하는 능력을 의미하는 말로 사용되고 있다. 이를테면, Foster(2007: 14)는 지역 리질리언스를 지역이 혼란을 예상하여 대비하고 대응하고 회복하는 능력으로 정의한다. 리질리언스의 개념적 내포와 외연을 좀 더 분별할 수 있다면 분석적으로 더 유용할 것이다.

이 개념에 대한 문헌들을 살펴보면, <표 1>에서와 같이 세 가지 상이한 유형의 정의를 발견할 수 있다(Martin and Sunley, 2014). 리질리언스에 대해 새로운 시각에서 광범위한 관심을 불러일으킨 것은 캐나다 생태학자 Holling(1973)의 공이라고 할 수 있는데, 그는 '공학적 리질리언스'와 '생태학적 리질리언스'라는 두 가지 상이한 관점을 구분했다. 공학적 리질리언스는 혼란이나 충격에 의해 평형에서 벗어난 시스템이 그 평형으로 얼마나 빨리 회복하는지에 의해 정의된다. 이러한 관점에서는 충격 이전의 상태나 경로로 복원하는(bounce back) 속도와 정도가 중시된다.[7] 이와는 달리 생태학적 리질리언스는 시스템이 충격을 경험하되, 그 구조, 정체성, 기능을 바꾸지 않고 충격을 흡수하는 능력을 중시한다. 충격으로 인해 시스템이 새로운 상태나 형태로 바뀌기 이전에 견뎌낼 수 있는 충격의 크기가 중요하다. 충격이나 혼란을 흡수하여 새로운 평형을 이루는 능력에 주목한다.

Martin and Sunley(2014)에 따르면, 생태학적 리질리언스는 다시 흡수 리질리언스와 적응 리질리언스로 구분할 수 있다. 흡수 리질리언스에서는 충격에 대해 시스템의 구조와 기능을 유지·보전하는 안정성과 지속성이 중시되는 반면, 적응 리질리언스는 시스템의 구조,

---

7) 체온, 출산력 대체율, 표준 교량 적재 하중(Pendall et al 2010), 선박 복원력(restoring force)

기능 조직 등을 바꾸어서라도 충격이나 혼란에 시스템이 적응하는 능력을 중시한다는 점에서 차이가 있다. '적응 리질리언스'는 '적극적 적응 리질리언스'로 일컬어지기도 한다. 복합체계이론에서는 충격이나 스트레스가 발생하면 시스템을 구성하는 복수의 요소들이 서로 상호작용하는 가운데 역동적으로 피드백을 생산하여 충격에 스스로 조정하는 경향을 주목한다.

<표 1> 리질리언스의 세 가지 주요 정의

정의/유형	해석	주 사용 분야
충격으로부터 복원	시스템이 충격이전의 상태 또는 경로로 회복; 회복의 속도와 정도를 강조함	'공학적 리질리언스'는 물리학, 일부 생태학; 주류 경제학의 자기 복원 평형 동학에 유사?
충격 흡수 능력	충격의 와중에서도 시스템 구조, 기능과 정체성의 안정성을 강조; 시스템이 새로운 상태/형태로 이동하기 전에 견뎌낼 수 있는 충격의 크기에 주목	'확장된 생태학적 리질리언스'; 복수 평형 경제학과 유사?
충격에 대비 또는 대응하는 적극적 적응 능력	충격에도 불구하고 시스템이 구조, 기능과 조직에 적응함으로써 핵심 임무 수행을 유지하는 역량에 주목	심리학과 조직이론; 복합체계이론에서의 견조성 robustness; 진화경제학과 상응?

자료: Martin and Sunley (2014: 5)

2) 지역 경제 리질리언스

문헌을 보면 지역 경제 리질리언스(regional economic resilience)에 대해 몇 가지 다른 정의가 발견된다. 예컨대 Hill et al(2008: 4)은 "한 지역이 충격으로 인해 자신의 성장 경로에서 실제로 또는 잠재적으로 벗어나더라도 이를 성공적으로 회복하는 능력"으로 지역

경제 리질리언스를 정의한다. 즉. 지역의 성장 경로가 충격에 대한 리질리언스를 판단하는 데 사용하는 준거 기준이다.

Martin and Sunley(2014: 15)는 리질리언스의 규범적 차원이 불가피하다는 점을 강조하면서 좀 더 확대된 정의를 제안한다. 즉 "지역경제가 시장, 경쟁, 환경적 충격에 대해 이전의 발전 경로를 유지 또는 복원하거나 아니면 자체 물리적 인적 환경적 자원의 보다 더 충실하고 더 생산적 활용이라는 특징이 있는 새로운 지속가능한 경로로 이행하기 위해 필요하다면 그 경제구조 및 사회적 제도적 배열에 대해 적응적 변화를 감수함으로써 충격을 견뎌 내거나 그로부터 회복하는 능력"으로 정의한다.

이렇게 볼 때 리질리언스는 어떤 고정된 상태보다는 과정이고, 이 과정은 다음과 같은 몇 가지 요소/차원을 포함하는 것으로 상정할 수 있다.

- 충격에 대한 취약성과 노출 정도: 상이한 유형의 충격에 대하여 지역의 기업과 노동자들의 민감성과 준비 상태
- 충격(혼란의 기원, 성격 및 발발, 그리고 그 규모, 성격, 및 지속 기간)
- 저항(지역 경제에 대한 충격의 초기 타격)
- 견조성(robustness, 즉 지역의 기업, 노동자 및 기관들이, 외부 기구, 공적 개입, 지원 구조의 역할을 포함하여, 어떻게 충격에 대해 조정 적응하는지)
- 회복력(지역경제가 충격으로부터 회복하는 정도와 성격, 그리고 지역이 회복하는 경로의 성격)

지역경제는 개인, 기업, 등 다양한 주체들과 기술 및 제도적 요소들로 구성된 복합 적응체계에 해당한다. 새로운 기업, 신제품, 신기술, 신시장이 추가되고, 옛 기업, 제품, 기술, 시장이 사라짐에 따라 경제는 부단히 변화하고, 끊임없는 "경쟁적 선택", "창조적 파괴"의 끊임없는 바람이 있기 마련이다. 지역경제의 리질리언스는 지역경제가 생산, 고용 및 부의 장기적으로 수용 가능한 성장 경로를 보전하기 위해 자원과 구조(기업, 산업, 기술 및 제도)를 재구성하는 즉 조정 적응하는 능력과 관련된다. 이러한 프레임워크에서 리질리언스는 평형에 대한 가정을 하지 않고 지속적 적응과정과 결부된 역동적 과정으로 이해된다.[8] 지역경제의 조정적응능력은 지역의 기존경제의 성격에 의존한다. 즉 조정적응은 지역의 산업 유산, 이로부터 전승된 숙련, 자원과 기술의 조정 범위에 의해 영향 받는 경로의존적 과정이기 마련이다. 그와 같은 조정적응 과정이 지역 리질리언스의 관건적 원천이 된다.

3. 대불황과 통영 중소조선소의 고용 위기[9]

1) 대불황과 국내 중소 조선산업

세계경기 침체로 인한 해운시장 불황 지속, 선박금융위축으로 선주들의 자금조달 어려움, 2005~8년 조선호황기 이후 선박과잉공급

---

8) reversing path dependency or lock-in(Chapple and Lester 2010: 86).

9) 3절은 졸고. 2014. 고용특구지정 이후 통영시 고용동향 심층분석, 『지역고용동향브리프』, 가을: 4-31을 발전시킨 것이다.

의 영향으로 전세계 조선시장이 침체의 늪에서 헤어나지 못하고 있다. 이러한 악조건 하에서도 대형조선소들은 드릴쉽 또는 부유식 원유생산 저장설비 등의 해양플랜트 쪽을 버팀목으로 견뎌내고 있지만 경쟁력이 모자라는 중소조선소들은 저가로도 수주를 하지 못하여 사정이 더욱 악화되기 일쑤다. 국내 중소 조선산업의 구조조정은 이미 끝났고 붕괴단계라는 우려조차 나오고 있다.

> "한때 27~28개에 달했던 중소 조선업체들 중 7~8개만 남고 모두 망했다…구조조정이라면 공급 과잉을 일으키는 열악한 업체들이 떨어져나가는 것이지만 경쟁력이 있는 업체들마저 죽었다."[10]

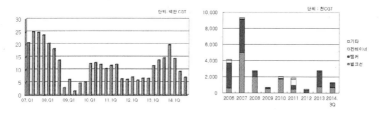

주: 중소조선소는 현대, 대우, 삼성, 현대미포, 현대삼호, STX, 한진 등을 제외한 수출용 강선 건조 조선소
자료: Clarkson. 한국수출입은행 해외경제연구소 산업연구팀. 2014a. 『중소조선산업 2014년도 3분기동향』. p. 8 에서 인용.

    <그림 1> 전세계 조선 수주량 추이　　　<그림 2> 국내 중소조선소 수주량 추이

2) 통영시 조선산업의 급성장과 급침체

통영시는 한반도의 남해안에 위치한 아름다운 항구도시로 주민들은 바다, 산과 들로 구성된 천혜의 자연자원을 활용하여 생활해 왔

---

10) 한국수출입은행 해외경제연구소 양종서 박사의 말이다(이국현, 『뉴시스』 2012.11.29.; 이정훈, 『연합뉴스』 2012.10.17.)

다. 2010년 인구센서스에 따르면 통영시의 인구는 127,896명이다.[11] 통영시의 지역경제에서 어업이 전통적으로 주된 경제활동으로 간주되어 왔으나 2000년대 들어 조선산업의 비중이 급속하게 확대되어 어업을 능가하게 되었다. 여기에는 거제에 인접하여 기능인력 조달이 용이하고 뛰어난 조선소 입지 조건을 갖추고 있는 점 등이 주요한 배경으로 작용했다.[12]

통계청의 경제총조사[13]에 기초하여 2010년 현재 통영시 산업구조에서 조선업의 위치를 보면(<표 2>), 표준산업 중분류상 '31. 기타 운송장비제조업'은 모두 '311. 선박 및 보트 건조업'(조선업)으로 구성되고, 전산업에서 조선업이 차지하는 비중은 전체 사업체 수의 1.4%에 불과하지만, 종사자 수의 18.7%, 매출액의 48.6%를 차지하고 있는 것으로 나타난다. 따라서 조선업은 일자리와 매출 면에서 통영시 경제에서 다른 업종들과 비교해 월등하게 중요한 위상을 점하고 있는 지역의 주력 산업이며, 달리 말하면 통영시의 산업구조는 조선업으로 크게 특화된 특성을 지니고 있다고 할 수 있다.

2010년 통영시의 '311. 선박 및 보트 건조업'(조선업)(사업체 수 136개, 종사자 수 8,330명)은 매출 4.3조원에 영업이익은 -4,366억

---

11) 통영시 주민등록 인구는 2010년 12월 140,297명에서 2013년 12월 139,719명, 2014년 12월 139,439명으로 감소한 것으로 나타난다.

12) 거제시에 가려져 잘 알려지지 않은 점도 있지만 통영시의 신아(SLS)조선, 성동조선해양, SPP조선, 21세기조선, 삼호조선 등 5개 업체는 벌크선, 오일 케미컬 탱커 등 중형 선박 건조로 특화해 2000년대 중반 이미 수주 잔량 기준으로 글로벌 100대 조선소에 속하였다. 성동조선해양과 SPP조선은 선체블록 제조업체로 출발해 신조선에 뛰어들었고, 21세기조선은 목선건조와 수리 조선소를 인수해 선박을 건조하기 시작했다.

13) 경제총조사는 전체 산업에 대하여 통일된 조사기준과 방법에 의해 산업의 구조와 분포, 경영실태 등에 관한 사항을 종합적으로 파악, 정부의 경제정책, 산업별 정책 수립과 기업의 경영계획 수립·평가의 기초자료를 제공할 목적으로 2011년에 최초로 실시한 총조사이다. 이 조사는 과거 산업총조사와 서비스업총조사 등을 통합하여 5년 주기로 실시된다. 현재 가용한 가장 최근 자료는 2010년 기준 조사이다.

원을 기록했다. 조선업의 적자는 비조선업에서의 흑자를 능가하여
통영시 전산업 영업이익의 적자를 초래한 셈이었다. 이처럼 2010년
에 이미 통영시 조선업은 매우 심각한 어려움을 겪고 있었다.

<표 2> 2010년 통영시 산업구조와 조선업의 비중

(단위: 개, 명, 백만원)

산업분류	사업체수	종사자수	매출액	영업이익
전산업	9,805	44,644	8,840,051	-82,851
농업, 임업 및 어업	3	29	9,279	422
제조업 (C)	531	11,851	4,627,099	-403,497
기타 운송장비 제조업 (31)	136	8,330	4,299,036	-436,618
선박 및 보트 건조업 (311)	136	8,330	4,299,036	-436,618
(비중 %)	(1.4)	(18.7)	(48.6)	
전기, 가스, 증기 및 수도사업	14	345	285,232	-1,332
하수 폐기물 처리, 원료재생 및 환경복원업	15	179	20,310	817
건설업	218	1,835	279,871	14,699
도매 및 소매업	2,669	6,500	1,177,299	123,135
운수업	671	1,818	111,655	11,298
숙박 및 음식점업	2,779	6,578	210,830	55,508
출판, 영상, 방송통신 및 정보서비스업	38	340	117,214	12,564
금융 및 보험업	138	1,915	1,294,251	41,689
부동산업 및 임대업	250	722	29,618	1,731
전문, 과학 및 기술 서비스업	119	873	59,705	8,504
사업시설관리 및 사업지원 서비스업	70	433	19,746	1,619
공공행정, 국방 및 사회보장 행정	62	2,442	197,927	0
교육 서비스업	454	3,102	145,872	10,257
보건업 및 사회복지 서비스업	261	2,388	131,820	17,878
예술, 스포츠 및 여가관련 서비스업	315	773	24,488	3,766
협회 및 단체, 수리 및 기타 개인 서비스업	1,198	2,521	97,835	18,091

자료: 통계청, 2010 경제총조사.

통영시의 경제사정을 단지 어느 한 시점에서 횡단적으로 볼 뿐만

아니라, 좀 더 장기적인 맥락에서 그 발전 추이를 살펴볼 필요가 있다. 2001~2011년까지 최근 10년 동안 통영시의 지역내총생산(GRDP, 총부가가치, 2005년 불변가격)의 추이를 보면(<그림 3>), 2000년대 중반 이후 급증하다가 2009년 정점을 찍고 2010년 급전직하한 것으로 나타난다. 이러한 통영시 지역내총생산의 부침은 조선업이 주종을 이루는 가공조립형 제조업의 부침과 그 궤를 같이했다. 2000년대 중반 통영시 지역내총생산이 빠르게 성장한 것은 가공조립형 제조업의 성장에 주로 힘입은 것이며, 또한 2009년 이후 지역내총생산의 급격한 위축 또한 바로 가공조립형 제조업의 쇠퇴에 기인한 것이었다. 2008년 미국발 글로벌 금융위기와 함께 야기된 세계경제의 급격한 침체로 인해 국내 조선업이 위기상황에 내몰렸거니와 특히 중소조선소가 밀집된 통영시가 그 직격탄을 맞았다고 할 수 있다.

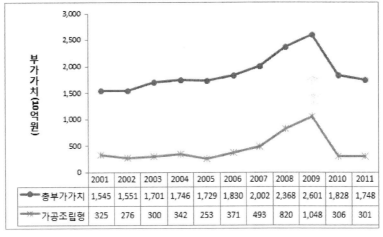

	2001	2002	2003	2004	2005	2006	2007	2008	2009	2010	2011
총부가가치	1,545	1,551	1,701	1,746	1,729	1,830	2,002	2,368	2,601	1,828	1,748
가공조립형	325	276	300	342	253	371	493	820	1,048	306	301

(단위: 10억원)

자료: 경상남도 시군 지역내총생산(GRDP),

<그림 3> 통영시 지역내총부가가치생산(GRDP) 추이, 2005기준년 가격

21세기조선은 1998년 소형블록 제조 및 선박 수리업체로 출범하여 2003년부터 화학제품운반선 등의 신조선 건조에 본격적으로 진출하여 불과 5년 만에 13K dwt 화학 석유 시멘트 운반선 65척을 시리즈로 수주함으로써 괄목할만한 성장을 이룩한 업체였다. 2007년 매출액 3조원에 종업원 1,575명을 기록한 이 업체는 kiko손실에 따른 경영난으로 2008년부터 시중 5개 은행으로 구성된 채권금융기관협의회의 관리를 받아오다 2009년 산업은행에 워크아웃을 신청했다. 채권단은 21세기조선의 매각을 시도했지만 조선경기가 침체되어 매수자조차 나타나지 않아 2013년 파산 처리되었다.[14] 1994년 설립돼 주로 1~2만 톤 유조선 건조로 전문화한 업체로서 2000년대 중반 종사자 500여명이 일하여 수주잔량 기준으로 세계 100대 조선소에 들만큼 탄탄한 입지를 구축했던 삼호조선도 글로벌 경기침체로 수주가 격감한데다가 모기업인 삼호해운이 해적 납치 사건 후유증으로 부도 처리되면서 2011년 5월 함께 부도를 맞았다. 이후 법정관리에 들어갔지만 남은 일감마저 바닥을 드러내면서 결국 2012년 2월 법원에 의해 파산 처리됐다. 21세기조선과 삼호조선의 파산은 국내 중소형 조선소의 연쇄도산이 시작됐음을 알리는 신호음이었다. 그리고 이러한 중소 조선소의 붕괴는 후방산업까지 동반 붕괴시킨다.

<그림 4>는 2005년에서 2012년까지 경상남도와 통영시의 지역내총부가가치(GRDP, 2010년 불변가격) 추이를 비교한 것이다. 경남에서 2009년 이후 특히 '기계운송장비 및 기타 제조업'의 지역내총부가가치 생산 성장률이 크게 둔화되었으나, 이 기간 동안 제조업과 전

---

14) 21세기조선의 도남동 조선소는 공매를 통해 건화의 자회사 격인 (주)해진이 인수했다.

산업은 여전히 성장세를 유지한 것으로 나타난 반면 통영시에서는 2010
년 지역 내 총부가가치가 전년대비 -22.9%로 급격하게 감소했는데, 이
것은 거의 전적으로 제조업(-69.1%) 특히 기계운송장비 및 기타 제조업
(-76.3%)의 극심한 수축에서 기인했음을 보여 준다(<표 3> 참조).

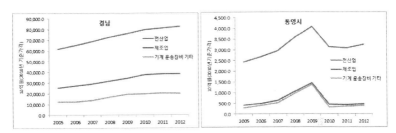

자료: 경상남도 '2012년기준 경상남도 시군 단위 지역내총생산(GRDP)통계표', 2015.03.02., 정보통계담당관실,

<그림 4> 지역 내 총부가가치(경남과 통영시, 2005~2012, 2010 기준년 가격)

<표 3> 경제활동별 총부가가치 성장률(경남과 통영시, 2005~2012, 2010기준년 가격)

(단위: %)

		2006	2007	2008	2009	2010	2011	2012	2013p)
전국	전산업	4.9	5.5	3.0	1.0	6.4	3.4	2.4	2.9
	제조업	7.5	7.4	3.6	-0.9	14.0	6.1	2.2	3.0
	기계 운송장비 기타	5.3	6.8	8.4	-0.7	16.21	6.9	0.4	2.9
경남	전산업	4.9	6.0	5.9	4.4	4.9	2.2	1.6	
	제조업	7.1	7.3	9.2	8.5	9.0	1.8	0.0	
	기계 운송장비 기타	0.7	9.3	21.9	17.0	1.5	2.6	-1.8	
통영	전산업	10.1	10.1	21.4	14.0	-22.9	-1.9	5.2	
	제조업	19.2	29.0	68.3	36.0	-69.1	-5.0	11.9	
	기계 운송장비 기타	38.5	35.6	81.7	41.5	-76.3	9.9	13.2	

자료: 통계청, 지역계정; 경상남도. '2012년기준 경상남도 시군 단위 지역내총생산(GRDP)통계표', 2015.03.02.,

3) 통영시 조선산업의 일자리 성장과 급수축

이 같은 변화는 일자리 사정에도 여실하게 나타난다. 통영시의 전산업 일자리 변동은, 제조업 특히 조선업의 일자리 추이와 긴밀하게 관련되어 있다(<그림 5>). 우선 2000~2008년까지 전산업 일자리 증가는 대부분 조선업 일자리 증가에서 비롯된 것으로 나타난다. 이 기간 중 통영시 전산업 종사자는 34.5천명 → 44.3천명으로 약 1만 명 증가했는데 이것은 같은 기간 조선업 종사자 증가분에 의해 거의 대부분 설명된다. 하지만 통영의 고용변화가 반드시 조선업 고용변화에 의해서만 비롯된다고 해서는 곤란할 수 있다. 통영의 조선업 종사자가 2008년을 정점으로 2009년부터 하락했음에도 불구하고, 이 기간 중 건설업과 숙박, 음식업 등 비제조업 고용의 증가로 인해 통영시 전체 산업 종사자는 오히려 증가한 것으로 나타났다(<표 34>).

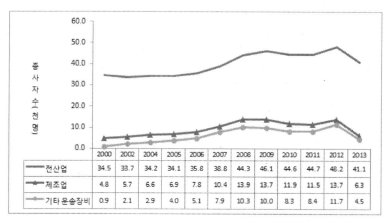

	2000	2002	2004	2005	2006	2007	2008	2009	2010	2011	2012	2013
전산업	34.5	33.7	34.2	34.1	35.8	38.8	44.3	46.1	44.6	44.7	48.2	41.1
제조업	4.8	5.7	6.6	6.9	7.8	10.4	13.9	13.7	11.9	11.5	13.7	6.3
기타운송장비	0.9	2.1	2.9	4.0	5.1	7.9	10.3	10.0	8.3	8.4	11.7	4.5

자료: 경상남도, 경상남도사업체조사.

<그림 5> 통영시 전산업, 제조업 및 기타운송장비제조업(조선업) 종사자 추이 2000~2013년

산업분류	2000	2004	2006	2007	2008	2009	2010	2011	2012	2013
전산업	34,516	34,159	35,785	38,846	44,311	46,102	44,644	44,673	48,155	41,061
농업, 임업 및 어업	1,257	29	24	37	46	44	29	50	56	67
광업	29	-	-							
제조업	4,847	6,592	7,794	10,447	13,912	13,720	11,851	11,488	13,717	6,348
기타 운송장비 제조업	910	2,929	5,057	7,881	10,266	9,992	8,330	8,350	11,655	4,459
전기, 가스, 증기 및 수도사업	-	-	326	283	342	310	345	315	312	346
하수폐기물, 원료재생, 환경복원	-	-	202	206	205	163	179	192	230	209
건설업	1,026	1,452	1,691	1,566	1,395	2,744	1,835	1,906	1,819	1,932
도매 및 소매업	6,968	6,637	6,424	6,619	6,542	6,309	6,500	6,684	7,471	7,194
운수업	1,724	1,788	1,783	1,559	2,078	1,989	1,818	1,840	1,904	1,815
숙박 및 음식점업	5,491	5,126	5,176	5,289	5,646	6,179	6,578	6,695	6,824	7,033
출판, 영상, 방송통신, 정보서비스	-	-	254	445	523	462	340	303	280	320
통신업	313	247	192	1,752	1,998	1,827	1,915	1,854	1,967	1,901
금융 및 보험업	2,116	1,825	1,823	609	630	651	722	801	905	990
부동산업 및 임대업	537	520	579				873	854	738	693
사업서비스업	586	699	-				433	417	413	485
공공행정, 국방 및 사회보장행정	2,678	2,318	2,045	2,123	2,344	2,547	2,442	2,597	2,373	2,045
교육서비스업	2,487	2,644	2,752	2,806	2,879	2,961	3,102	3,031	3,105	3,150
보건업 및 사회복지서비스업	990	1,030	1,313	1,517	1,870	2,083	2,388	2,459	2,773	3,057
예술, 스포츠, 여가관련 서비스	-	-	601	591	855	711	773	723	703	718
협회, 수리 ,기타 개인서비스	-	-	2,126	2,313	2,309	2,533	2,521	2,464	2,565	2,758

자료: 경상남도, 경상남도사업체조사. 주: 신산업분류로 재집계 하였음.

2008년 글로벌 금융위기에 따라 조선업이 큰 타격을 받은 가운데 통영시 조선업 종사자는 2008년 10.3천명 → 2010년 8.3천명으로 약 2천명 감소하면서 고용사정이 악화되기 시작했다. 조선업 종사자 수는 2009년 전년대비-0.3천명 감소한 반면, 2010년에는 전년대비 - 1.7천명 감소했고, 이후 2011년과 2012년에는 다소 회복 기미를 보였으나,[15] 2013년에는 전년대비 종사자 수가 절반 이하로 뚝 떨어진 것으로 나타난다.

<그림 6>은 경남 사업체조사에 기초하여 통영시 선박 및 보트 건조업의 사업체 수와 종사자 수 추이를 제시한 것이다. 조선업 사업체 수도 2008년과 2009년에 정점을 기록한 이후 2012년과 2013년 급격하게 하락해 조선업 불황의 진행을 반영해 주고 있다. 또한 <표 5>는 2012년 통영시가 고용특구 신청을 위해 파악한 통영시 주요 조선소 근로자 수 자료이다. 이에 따르면 2011.10.31.～2012.10.31.까지의 1년 동안 통영시 소재 4대 조선소 내 근로자 수가 12,143명에서 9,034명으로 약 3,109명(-25.6%)이 삭감된 것으로 나타난다. 이 기간 동안 조선소의 직영 인원도 모두 845명(-22.5%) 감소했으나 사내 협력업체 삭감 인원이 -2,264명(-27.0%)으로 더 큰 폭과 비율로 삭감되었다. 통영시의 조선소들에서 2000년대 들어 직영인원보다 하청협력인원이 압도적으로 더 많이 사용되고 있다.

---

15) 2012년 사업체조사에서 통영시 선박 및 보트건조업(조선업) 종사자 수가 증가세를 기록한 것은 다소 의외의 일이다. 2012년 사업제조사의 통영시 선박및보트건조업(C311) 종사자 규모별 자료를 보면 1000명이상 사업체 수가 1개이고 종사자 수 7,084명으로 제시되어 있다. 통영에 이러한 규모의 조선업체가 실재하지 않았다. 필시 조선소 사내 협력업체 수를 모두 포함한 수치로 보인다. 집계 과정에서 착오가 있었던 듯하다.

<표 5> 통영 조선소별 근로자 수 변동: 2011.10.31～2012.10.31

(단위: 개, 명,

구분	2011.10.31 기준(A)			2012.10.31. 기준(B)			증감(B-A)		
	계	본사	협력업체	계	본사	협력업체	계	본사	협력업체
계	12,143	3,760	8,383	9,034	2,915	6,119	-3,109	-845	-2,264
성동조선해양(주)	7,900	2,600	5,300	6,400	2,100	4,300	-1,500	-500	-1,000
SPP조선(주)	1,659	173	1,486	1,548	163	1,385	-111	-10	-101
(주)신아sb	2,065	845	1,220	1,068	634	434	-997	-211	-786
(주)21세기조선	519	142	377	18	18	0	-501	-124	-377

자료: 통영시 고용촉진특별구역지정 신청 심의자료 붙임2, 2012.12.
주: 조선업은 한국표준산업분류부호(KSIC) 311(선박 및 보트 건조업)을 가리킴.

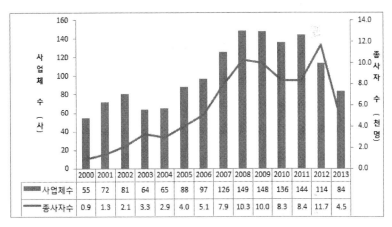

자료: 경상남도, 사업체조사.

<그림 6> 통영시 조선업 사업체 수 및 종사자 수 추이 (2000～2013)

조선 산업은, 특히 중소 규모의 조선소에서는 사내하청 비율이 90% 이상이다. 다단계 하도급의 피라미드 구조인 셈이다. 중소 조선소의 원청은 일반 관리직과 기술직군으로 구성되어 있다. 현장에서 생산에 직접 참여하는 기능직에 대한 직접 고용은 전무한 상황이

다. 다시 말해 선박을 제작하는 기능공의 100%가 하청업체의 노동자다. 원청으로부터 일감을 받은 하청업체는 일반 관리직과 기능직 일부(마킹사, 판접사, 곡직사, 청소 등)를 제외한 나머지 주요 공정을 담당한다. 주목할 점은 취부, 용접, 사상과 같은 주요 공정을 물량 팀장을 수급인으로 하여 재하청을 주는 특이한 구조를 활용하고 있다는 점이다. 이 가운데서도 긴급 물량을 처리하기 위해 단기간 사용하는 물량팀을 '돌발팀' 또는 '돌관팀'이라고 한다. 이 돌발팀은 하청업체로부터 일감을 받는 것이 대부분이나 물량팀으로부터 일감을 받는 경우도 있다. [...] 선박 제조의 70% 이상은 취부, 용접, 사상 작업 공정으로 이루어진다. 하청업체들은 이 기능 인력을 직접 고용하더라도 상용직이 아닌 기간제 형태로 고용한다. 과거에는 본공의 기능직(취부, 용접, 사상) 인력과 물량팀 인력 비율이 1대 2 정도를 유지하였으나 2008년 금융위기 이후엔 조선 경기가 악화하며 기능 인력 대부분을 물량팀으로 고용하고 있다(이승호, 2012; 2014).

조선산업에서 다단계 하청의 발전에 따라 하청인원의 고용형태 또한 직시급, 물량팀 등으로 다양화되고 고도로 유동화되고 있다(박종식 2012). 물량을 따라 이동하는 물량팀 작업자들은 조선소의 물량 감소에 따라 제일 먼저 고용 조정의 대상이 되었다. 하지만, 이와 같이 취약한 조선산업 고용구조에도 불구하고, 이들의 규모와 구성 등 그 실태와 성격이 정확하게 파악되지 않고 있는 실정이다. 물량을 따라 떠돌아다니는 이들이기에, 고용노동부 통영지청의 조사 결과에 따르면, 거제시에 있는 한 대형 조선소 사내협력업체 타 지역 출신 근로자 4,008명 중 1,123명이 거제 소재 각급 여관에 거주하고 있는 것으로 나타났다[16]. 고용보험에 가입되지 않은 조선소 물량팀

근로자들이 다수라 고용보험 자료를 통해서도 포착되지 않고, 통계청의 사업체조사나 가구조사(지역별 고용조사) 등 공식 통계로 파악되지 않을 가능성이 짙다. 이 같은 조선산업 경기 부진과 고용 삭감은 통영시 전체에 악영향을 불러 일으켰음이 물론이다. 신아SB, 삼호조선, 21세기조선 등 조선3사가 있는 미륵도 도남동 봉평동의 경우 호황기에는 7,000~8,000여명의 근로자로 붐볐으나, 삼호조선의 2011년 부도처리(2011.5.12.), 21세기조선의 일감종결, 신아SB의 워크아웃 등으로 2012년 말 신아SB 근로자 1천여 명만이 남아 있어, 음식점·원룸 등 지역 상가의 공동화 현상마저 나타난 것으로 관찰되었다.[17)

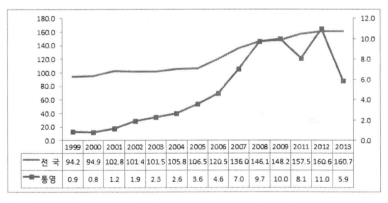

자료: 통계청, 광업제조업조사 - 시도(시군구)/산업분류별 주요지표(종사자 10명 이상) 기타 운송장비제조업.

<그림 7> 기타 운송장비 제조업 종사자 수 추이(통영 vs 전국) (단위: 천명)

---

16) "고용노동부 통영지청, 조선업종 내일희망 일터 만들기에 행정력 집중", 통영고용센터 2012.2.6. 보도자료 (경남고용포럼 제33회 정기집담회 자료집, 32쪽)

17) 통영시 미륵도 "삼호조선 맞은편, 줄지어선 수백 미터의 식당가는 1~2개 업소만 빼고 모조리 문을 닫았다...노동자들이 삼삼오오 상가로 몰렸던 이곳, 점포가 없어 개업이 어려웠던 이 황금상권은 현재, 텅텅 비고 있다. 도남 봉평동 조선소 일대에서 가장 많이 볼 수 있는 글자가 있었다. '임대'또는'점포세'".(경남도민일보 2012.6.1.)

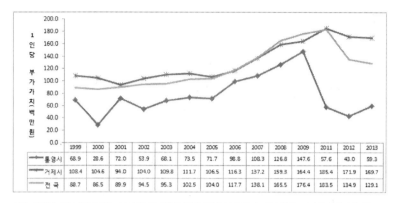

	1999	2000	2001	2002	2003	2004	2005	2006	2007	2008	2009	2011	2012	2013
통영시	68.9	28.6	72.0	53.9	68.1	73.5	71.7	96.8	108.3	126.8	147.6	57.6	43.0	59.3
거제시	108.4	104.6	94.0	104.0	109.8	111.7	106.5	116.3	137.2	159.3	164.4	185.4	171.9	169.7
전국	88.7	86.5	89.9	94.5	95.3	102.5	104.0	117.7	138.1	165.5	176.4	183.5	134.9	129.1

자료: 통계청, 광업제조업조사 - 시도(시군구)/산업분류별 주요지표(종사자 10명 이상) 기타 운송장비제조업.
주: 1인당 급여는 해당 업종의 총급여액을 종사자 수로 나눈 결과로 단위는 십억 원(당해년도 가격)임.

<그림 8> 기타 운송장비 제조업 종사자 1인당 부가가치 추이(통영시, 거제시 및 전국)

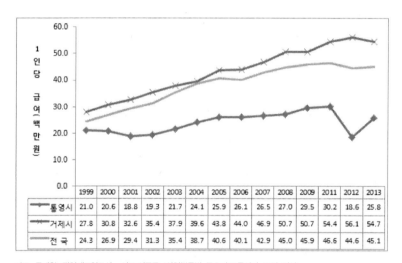

	1999	2000	2001	2002	2003	2004	2005	2006	2007	2008	2009	2011	2012	2013
통영시	21.0	20.6	18.8	19.3	21.7	24.1	25.9	26.1	26.5	27.0	29.5	30.2	18.6	25.8
거제시	27.8	30.8	32.6	35.4	37.9	39.6	43.8	44.0	46.9	50.7	50.7	54.4	56.1	54.7
전국	24.3	26.9	29.4	31.3	35.4	38.7	40.6	40.1	42.9	45.0	45.9	46.6	44.6	45.1

자료: 통계청, 광업제조업조사 - 시도(시군구)/산업분류별 주요지표(종사자 10명 이상)
주: 기타 운송장비제조업. 1인당 급여는 해당 업종의 총급여액을 종사자 수로 나눈 결과로 단위는 백만원(당해년도 가격)임.

<그림 9> 통영시 조선산업(기타 운송장비제조업) 종사자 1인당 급여 추이

<표 6> 지역별 조선업 종사자 1인당 급여 추이 (통영, 거제 및 경남, 10인이상 사업체)

(단위: 백만원)

	통영시			거제시			경남		
	종사자	상용	임시일용	종사자	상용	임시일용	종사자	상용	임시일용
2007	26.5	31.7	20.6	46.9	48.0	23.6	41.1	43.6	20.4
2008	27.0	31.5	17.9	50.7	51.4	29.0	43.6	45.8	20.3
2009	29.5	33.1	21.9	50.7	52.4	21.5	45.6	48.1	21.8
2011	30.2	33.6	18.8	54.4	55.6	34.6	47.0	49.2	25.9
2012	18.6	18.4	21.0	56.1	58.4	25.4	45.9	47.9	23.5

자료: 통계청, 광업제조업조사, 시군구 및 산업중분류별 사업체수, 종사자수 및 급여액(10인 이상)('07~)을 이용해
재계산 http://stat.kosis.kr/statHtml_host/statHtml.do?orgId=217&tblId=DT_217E2010E0202&conn_p

4. 통영시 고용특구[18]

통영시는 2013년 1월 25일 고용개발촉진지역으로 1년간 지정되었다(고용노동부 고시 제2013-7호, 2013.1.25). 고용개발촉진지역은 고용촉진특별구역(고용특구)으로 개칭되었고 통영시 고용특구 지정은 1년 더 연장되었다.

고용특구는 고용정책기본법 제32조에 의하여 국내외 경제사정의 변화 등으로 고용사정이 급격히 악화된 업종 또는 지역에 대하여, 1. 사업주의 고용조정, 2. 근로자의 실업예방, 3. 실업자의 재취업 촉진, 4. 그밖에 고용안정과 실업자의 생활안정을 위하여 필요한 지원을 할 수 있는 지역을 말한다. 이러한 지역에 대하여 같은 법 시행령 제18조는 사업의 전환이나 축소·정지·폐지로 인하여 고용량이 현저히 감소하거나 감소할 우려가 있는 업종, 상기 업종이 특정지역에

18) 4절은 심상완 이상호 (2014) 내용을 이 연구의 논지에 맞추어 재집필한 것이다.

밀집되어 당해 지역의 고용사정이 현저히 악화되거나 악화될 우려
가 있는 지역, 구직자의 다수가 다른 지역으로 이동하거나 구직자
수에 비해 고용기회가 현저하게 부족한 지역 등이 지정 대상이 될
수 있도록 정하고 있다.

　이처럼 고용특구는 고용사정이 급격히 악화된 지역을 대상으로
고용안정과 실업자의 재취업 촉진 등의 사업을 원활히 하는 것을 목
적으로 하고 있다. 따라서 고용특구는 우리나라에서 고용사정이 나
쁜 지역을 대상으로 하는 일종의 지역 타깃팅 정책이라는 특징을 가
진다. 그러나 고용사정이 단기간에 급격히 악화된 지역을 대상으로
한다는 점에서 고용사정이 장기간에 걸쳐서 나빠진 고용낙후지역에
대해 국가균형발전특별법에 의거하여 지정하는 '성장촉진지역'과는
구별된다(전병유 외 2009: 78).[19]

1) 고용특구에 대한 지원 내용

　고용특구지정에 따른 지원은 재직근로자의 고용유지에 대한 특별지
원, 지역고용촉진지원 그리고 일자리사업비의 우선지원을 포함한다.
　첫째, 재직근로자의 고용유지에 대한 특별지원은 생산량 감소·
재고량 증가 등으로 고용조정이 불가피하게 된 사업주가 근로자를
감원하지 않고 일시휴업, 훈련, 휴직, 인력재배치 등 고용유지조치를

---

19) 성장촉진지역은"시·군을 대상으로 연평균 인구변화율, 소득수준, 재정 상황 및 지역 접근성
　　등을 지역발전위원회가 5년마다 종합평가한 결과 지역사회기반시설의 구축 등에 국가와 지방
　　자치단체의 특별한 배려가 필요하다고 인정되는 지역 중에서 지역발전위원회의 심의를 거쳐
　　행정안전부장관과 국토해양부장관이 공동으로 지정 고시하는 지역이다"(국가균형발전 특별법
　　시행령(2009.5.29.시행) 제2조의2).

실시하여 고용을 유지하는 경우 임금(수당) 및 훈련비를 확대 지원하는 제도이다. 고용유지지원의 일반적 수준은 사업주가 지급한 휴업수당의 3/4(대규모기업 2/3)을 지원하며, 근로자 1인당 1일 상한액은 4만원으로 제한되어 있으나, 고용특구의 경우 고용유지지원금은 업주가 피보험자에게 지급한 휴업·유급휴직수당과 임금을 합한 금액의 100분의 90(대규모기업을 포함한다)으로 확대하고, 근로자 1인당 1일 상한액 역시 5만원으로 상향 지원하도록 하고 있다.

<표 7> 고용유지지원금 확대 지원의 내용

구분	지원요건	지원수준	지원기간
휴업	1월간 소정근로일수의 1/15 (월간 2일)을 초과하여 휴업 실시, 휴업수당 지급	○ 휴업수당 90%(3/4) - 한도: 1명당 1일 5만원(4만원)	○ 연간 최대 180일 (인력재배치는 1년)
유급휴직	근로자에게 1월 이상 유급휴직 부여	○ 휴직수당 90%(3/4) - 한도: 1명당 1일 5만원(4만원)	
훈련	고용유지에 적합한 훈련 실시	○ 임금 90%+훈련비(3/4+훈련비) - 한도: 1명당 1일 5만원(4만원)	○ 180일 고용유지조치 후 훈련 시 최대 90일 연장
인력재배치	업종 전환 후 종전 업종 종사근로자 60% 이상을 새로운 업종으로 재배치	○ 임금의 90% (3/4) - 한도: 1명당 1일 5만원(4만원)	

주: ( )는 비지정지역의 지원수준

둘째, 지역고용촉진 지원은 지정지역으로 사업을 이전, 신설 또는 증설하고 지정 지역에 3개월 이상 거주한 구직자를 6개월 이상 고용하는 사업주에 대하여 1년간 임금의 1/2(대기업의 경우에는 1/3)에 해당하는 금액을 고용보조금으로 지원하도록 하고 있다. 이 지원은 지역의 고용사정 악화로 발생한 실업자 또는 신규 실업자의 고용을 촉진함으로써 일자리 창출에 직접적으로 기여하는 정책수단이라는 점에서 다른 정부 지원 사업과 비교해 가장 차별성이 높다고 할 수 있다.

셋째, 일자리 관련 사업비의 우선 지원에는 지역맞춤형일자리창출, 사회적일자리 및 고용안정 직업능력개발 등 고용노동부가 주관하는 일자리 사업들이 중요하나, 이뿐만 아니라 다른 부처나 지자체의 사업들에 대한 우선 지원이 포함된다.

2) 지정 절차

고용특구 지정 절차는 고용노동부의 중앙집권적 결정에 의해 집행되는 하향식(top-down) 사업 방식과는 다른 접근에 의거하고 있다. 즉, 상향식(bottom-up)으로 지자체의 장은 고용특구 지정이 필요한 이유와 그 입증자료, 사업계획을 첨부하여 고용노동부 장관에게 신청하되, 지역고용센터와 협의 후 지방고용심의회의 심의를 거쳐 신청해야 하고, 고용노동부 장관은 고용정책심의회의 심의를 거쳐 지원 대상 사업을 결정하여 지정 고시하도록 하고 있어 사전 협의와 2중의 신중한 심의 절차가 규정되어 있다.

<표 8> 고용특구 지정 절차

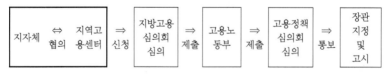

또한 고용특구의 지정기준 제4조는 지정 조건을 다음 각 호의 조건을 모두 갖춘 경우로 하되, 전국적 고용수준과의 격차를 고려하여야 한다고 규정하고 있다.

1. 한국은행 발표 기업경기실사지수(BSI) 중 전반적인 기업경기가 전년도 동월대비 30% 이상 감소하거나 특정 대규모 사업(기업)의 축소·정지·폐업 등 대규모 구조조정으로 고용량이 현저히 감소하거나 감소할 우려가 있는 업종이 있을 것

2. 제1호의 업종에 종사하거나 종사한 근로자수(또는 고용보험 피보험자 수)가 15% 이상인 지역

3. 다음 각 목의 어느 하나에 해당하여 고용사정이 현저히 악화되거나 악화될 우려가 있는 지역

① 특정월의 비자발적 이직자수(계절조정 지표사용)를 전년도 월평균 피보험자수로 나눈 값이 5%이상인 지역

② 특정월의 피보험자수(계절조정 지표사용)를 전년도 월평균 피보험자수로 나눈 값이 95%이하인 지역

③ 대규모 기업의 도산·구조조정 등으로 인한 경우에는 모기업 및 협력업체 실직 추정인원과 해당지역의 전년도 월평균 비자발적 이직자수를 더하고, 이를 전년도 월평균 피보험자수로 나눈 값이 5%이상인 지역

이상의 3가지 조건 중 제1호는 불황업종의 존재, 제2호는 불황업종 종사근로자의 비중, 그리고 제3호는 고용위기 여부를 각각 가늠하기 위한 지표라고 할 수 있다.[20]

---

20) 고용촉진특별구역의 지정기준 등에 관한 고시는 2014년 「고용위기 지역의 지정 기준 등에 관한 고시」로 개정되었다. 새로운 기준은 고용재난지역 및 고용사정이 현저히 악화되거나 악화될 우려가 있는 지역을 고용사정의 악화 정도에 따라 고용관리지역-고용위기지역-고용재난지역의 3단계 대응체계로 구분하고 있다. 1단계 '고용관리지역'은 고용상황의 악화되거나 악화될 우려가 있는 지역이되 그 정도가 고용특구 지정에는 미치지 못할 단계에 있는 지역으로 '고용특구 지정 기준에 비해 다소 완화된 기준이 적용된다. 2단계인 '고용위기지역'은 '고용특구'와 거의 동일한 형태를 유지한다. 마지막으로 3단계인 고용재난지역은 '고용특구' 지정에도 불구하

통영시는 2012년 5월에 고용특구 지정 신청을 추진하다가 이 같은 지정 조건을 충족하지 못해 중단했으나, 2012년 11월에는 지정 조건을 모두 충족하여 고용특구 지정 신청서를 제출하였다. 통영시 고용특구 지정 신청은 해당 지자체인 통영시가 하였으나, 통영지역 사회에서 이루어진 다양한 논의와 노력을 수렴·반영한 것이었다.

2009년부터 미국발 글로벌 금융위기에 따른 불황으로 통영 조선 업체들 중 일감이 떨어져 문을 닫는 업체가 늘어나는 등 통영 경제에 먹구름이 끼자 노동조합, 지역 시민단체 및 언론매체들이 중소 조선업체에 대한 정부 지원 대책을 요구했으나, 당시에는 고용특구 지정 문제는 거론되지 않았다. 2012년 4월 6일 통영지역 보수와 진보를 아우르는 50여개 시민사회단체로 구성된 신아SB살리기 범시민대책위원회(위원장 조일청, 이하 시민대책위)[21]는 신아SB 살리기 통영시민 궐기대회를 개최하고, 통영시와 의회, 경상남도와 의회, 해당지역 국회의원들을 대상으로 "신아SB의 문제는 한 회사의 문제가 아닌 통영 경제 전체의 문제이며 시장논리가 아닌 정부정책이 필요함"을 촉구했다. 그러다가 2012년 4월 말부터 시민대책위는 통영시의회 및 통영시장과의 면담에서 평택시의 지원 선례를 벤치마킹하여 통영시를 고용특구로 지정하는 문제 검토를 요구하기 시작했다. 2012년 5월 18일 경상남도 도청에서 금속노조 및 시민대책위는 허성무 당시 경상남도 정무 부지사와의 면담에서 "경상남도가 평택시를 비롯한 다른 지역의 지원 사례를 확인해 달라", "고용유지를 위

___

고 고용상황이 더욱 악화되어 범 부처별 협력체계에 의한 긴급지원이 이루어지는 단계이다.

21) '신아SB살리기 통영지역범시민대책위원회'는 어느 한 사업장만의 문제가 아니라는 판단 아래 보다 최근 '중소조선소 회생을 위한 통영지역범시민대책위원회'로 명칭을 변경했다.

한 지방자치단체의 방안을 찾아볼 것과 새로운 인력양성을 위한 노력도 중요하지만 현재 산업인력을 유지하기 위한 방안을 중심으로 경상남도에서 고민해 줄 것"을 요청했고, 2012년 5월 31일 시민대책위 및 금속노조 경남지부는 청와대 앞에서 통영지역 경제활성화 및 신아SB 정상화 촉구를 위한 기자회견을 개최하고, "중소조선소 근로자들의 생존, 정부가 책임지라"고 요구했다. 하지만 2012년 6월경 통영시는 고용노동부에 고용특구지정 가능성을 비공식적으로 타진하였으나, 지정 요건이 충족되지 않는다는 회답을 듣고 그 추진에 제동이 걸려 한동안 잠잠하게 된다. 그러던 것이 2012년 10월 들어 (사)경남고용포럼이 '지역조선산업 구조재편으로 인한 고용문제와 지원대책'을 주제로 집담회 개최를 추진하면서 이를 계기로 고용특구 지정 문제에 대한 논의의 불씨가 되살아났다. 경남고용포럼이 고용노동부에 고용촉진특별구역 지정 요건과 절차에 관하여 문의하였을 때 담당 과장은 이미 몇 달 전에 통영시가 요청해서 검토해 본 결과 지정 요건에 부합되지 않는 것으로 나타났다는 답변과 함께, 평택시와 같은 지역이 아니라면 고용촉진개발지역으로 지정되기 어려울 정도로 지정 요건이 엄격할지도 모르겠다면서 그 지정 요건을 완화하는 방안을 검토 중이라고 말하고 경남고용포럼이 어떻게 완화하면 좋을지 그 구체적인 방안을 제시해 주면 도움이 되겠다고 언급했다.

한편 시민대책위는 2012년 10월 9일 기자회견을 갖고 대통령 후보에게 통영지역 경제를 회생시키기 위한 방안을 촉구하는 공개질의서를 내용 증명으로 발송했고[22] 2012년 11월 19일 국회 정론관에서 노동조합과 시민대책위 등의 요청으로 이군현 국회의원과 도의원 등이 참석한 가운데 기자회견을 통해 '중소조선소 회생을 위한 국가차원의 정책적 지원'을 촉구하여 정부차원의 대책마련을 촉구하는 여론 형성에 주력했다. 마침내 통영시가 움직이기 시작했다. 2012년 12월 6일 통영시청에서 열린 5차 시민대책위 회의에서 통영시 지역경제과장은 고용촉진지구와 관련, 현재 경상남도 고용심의회 절차를 밟고 있다고 밝혔고 또한 통영 노사정위원회 결의로 신청이 가능한지 노동부에 행정질의를 했다고 말했고, 이튿날 12월 7일, '지역조선산업 구조재편으로 인한 고용문제와 지원대책'을 주제로 통영고용센터에서 열린 경남고용포럼 주최 집담회에서 통영시 지역경제과 담당자는 고용노동부로부터 고용촉진특별구역지정 관련 자료를 제공받아 지정 요건의 충족 여부를 재검토한 결과 지정 요건을 모두 충족시키는 것으로 나타났다면서 고용노동부에 지정 신청을 하기 위한 절차를 적극적으로 준비하고 있다고 말했다.

---

22) 시민대책위는 이날 회견문을 통해 "통영 미륵도에는 3개 조선소에 8000여명이 일하고 있었다, 하지만 지금은 2개 조선소는 폐업의 길을 걷고, 1개 조선소도 워크아웃으로 인해 근로자들의 숫자는 점점 줄어 이제 미륵도에는 조선소에서 일하는 근로자가 채 2000여명도 되지 않는다"고 밝혔다. 이어 "2009년 통영은 최초로 지역 내 총생산 3조원을 돌파했다, 당시 미륵도 내 3개 조선소는 1조4000억원 이상의 매출을 올려 지역내 생산에서 40% 이상을 차지하고 있었다"면서 "지역의 중추역할을 하던 중소조선소의 위기와 근로자들의 어려움은 지역경제의 어려움으로 다가와 지역경제가 파탄 지경에 이르고 있다"고 덧붙였다. 시민대책위는 이날 대통령 후보 앞으로 보낸 공개질의서를 통해 "조선산업 정책·고용·선가하락에 따른 수주 대책", "세제·운영자금지원·선박금융 확대 등 즉시 이행할 수 있는 중소조선소 지원 대책", "신아sb 등 워크아웃 기간에 있는 중소 조선소에 대한 대책" 등을 요구했다. (윤성효, "대통령 후보님, 중소조선소 살리기 대책 밝혀주세요", 『오마이뉴스』, 2012.10.09.)

<표 9> 통영시 고용특구 사업비 집행 총괄 현황(2015.1월 기준)

(단위: 명, 건, 천원)

지원사업명	지 급(2013년~2015. 1월)			
	신청건수	지급건수	(연)인원수	지급액*
계	722	722	8,429	17,110,755
고용유지지원금	50	50	5,230	9,679,985
지역고용촉진지원금	40	40	367	649,844
소상공인지원	199	199	199	4,851,000
취업성공패키지(Ⅱ형)	159	159	159	60,929
직업능력개발지원	266	266	266	277,997
지역맞춤형일자리사업	8개사업	8	2,208	1,591,000

자료: 통영고용센터; 통영시 「통영시 고용촉진특별구역 지원사업 종료에 따른 결과 보고」, 통영시 지역경제과, 2015년 4월, p.6에서 인용

주: * 고용계획서 제출일로부터(제출 마감일 : 2015. 1. 24.) 1년 6개월 이내 사업장 이전·신설·증설 및 조업 시작을 하면 지원받을 수 있어, 시간이 경과함에 따라 집행실적 증가 예상

3) 고용특구 지원사업의 효과

통영시의 결과 보고에 의하면, 고용특구 지정에 의해 각종 지원사업을 제공한 결과 무엇보다 고용유지 확대지원 사업에 의해 주로 조선소에서 연인원 5,230명(월 평균 435명)의 고용유지를 통해 대량 실업사태를 방지한 것으로 평가하고 있다. 둘째로 지역고용촉진 지원사업을 통해 경기 부진에도 지역주민을 고용했거나 그렇게 계획하는 사업체가 증가한 점도 중요하다. 2015년 1월까지 모두 132개사에서 총 4,149명의 고용계획을 제출했으며, 이 가운데 2015년 1월까지 40개사에서 367명을 고용한 것으로 집계되고 있고, 고용계획서 제출일로부터 1년 6개월 이내 사업장 이전, 신설 및 조업 시작을 하면 지원받을 수 있어 시간이 경과함에 따라 실제 일자리 창출 실적은 증가할 것으로 예상하고 있다. 이밖에도 통영시는 다양한 지역

맞춤형일자리사업[23])으로 취업 기회의 다변화 및 내실화가 이루어진 것으로 보고하고 있다.

통영지역으로 사업을 이전 또는 신증설할 경우 지역고용촉진 지원금이 지급된다. 파산된 21세기조선과 삼호조선은 각각 (주)해진과 (주)한국야나세가 인수했고 두 경우 모두 신규 설립으로 고용창출하는 기업에 해당돼 고용창출지원금 혜택을 볼 수 있다. 조선기자재 업체인 (주)해진은 아직까지 본격적으로 조업을 하지 않고 있으나 삼호조선을 인수한 한국야나세 통영조선소는 2013년 10월 삼부해운으로부터 3천5백DWT급 석유화학제품선 2척을 수주했고[24]), 삼호조선이 70% 공정에서 그만둔 3만2천 DWT 벌크선 건조를 마쳐 2013년 12월 여수해양조선에 인도했고[25]), 30% 공정에서 정지된 3만2천

---

23) 지역맞춤형일자리사업으로 2013년에는 해양레저산업 활성화 전문인력 양성사업(54명, 199백만원), 조선산업 일자리 인력자원개발 및 전직지원서비스사업(758명, 442백만원), 지역문화관광 활성화를 위한 전문인력양성사업(50명, 147백만원), 산업실태와 산업별 종사자 특성 및 이직실태조사연구(39백만원)가 지원되었고; 2014년에는 해양레저산업 활성화를 위한 해양레저 전문인력 양성사업(48명, 280백만원), 일자리창출 및 인적자원개발사업(1,133명, 200백만원), 인력수급 불일치해소 및 시간선택제 일자리창출(300백만원), 누비교육을 통한 통영시 및 결혼이주여성 일자리창출지원사업(21명, 50백만원) 등이 추진되었다.

24) "삼부해운 관계자는 "선박 2척을 발주한 것은 사실이나 아직까지 선수금환급보증(RG)이 발급되지 않아 계약이 마무리된 것은 아니다"라고 말했다. 한국야나세통영조선소는 삼호조선이 지난 6월 한국야나세에 인수되며 이름을 바꾼 것으로 이번 수주는 한국야나세 인수 이후 처음으로 거둔 성과다. 1991년 6월 설립 후 해치커버, 라싱브릿지, 터그보트 등을 주로 생산해온 한국야나세는 삼호조선 인수 후 영업인력을 확충하며 신조선박 수주에 적극 나섰다. 하지만 침체된 조선경기가 쉽게 회복되지 않는데다 선주사들이 대형선 위주로 선박 발주에 나서며 중소형 선박을 건조하는 한국야나세통영조선소도 새출범 이후 약 4개월이 지나서야 첫 수주에 성공하게 됐다. 한국야나세통영조선소는 이번 수주 외에 삼호조선 당시 수주잔고로 3만2천DWT급 핸디사이즈 벌크선 3척을 보유하고 있으며 이 중 첫 번째 선박인 '오리엔트 글로리(Orient Glory)'호는 건조가 완료됐다. 이들 선박의 선사는 보광시핑(Bokwang Shipping)으로 알려졌는데 이 선사는 경매를 통해 '오리엔트 글로리'호를 1천만 달러에 구매한 것을 비롯해 나머지 2척의 선박도 구매해 오는 2014년 초 인도받을 예정이다. 한국야나세 관계자는 "적극적인 수주 노력에 힘입어 삼호조선 인수 후 첫 수주에 성공하게 됐다"며 "현재 중소형 석유화학제품선 위주로 수주활동에 나서고 있으며 협상이 잘 진행될 경우 연말까지 추가수주도 기대하고 있다"고 말했다."(『한산신문』 2013.10.15.)

25) 조윤제. 2014. 도전 경남! 더 큰 미래로 현장을 뛰는 사람들: 우영준 한국야나세 회장, 『경남신문』 2014.10.21

DWT 벌크선도 건조 완성하여 2014년 11월 진수식을 거행했다. 이 선박 건조에 필요한 은행의 RG(선수금환급보증) 없이 한국야나세 자체 자금으로 선박 건조를 마무리해 한국야나세 통영조선소 스스로 건조능력을 증명했다는 점에서 큰 의미가 있는 것으로 지적된다[26].

그렇다면 통영시의 고용사정은 어떻게 변화했는지 살펴보기로 한다. 자료에 따라 고용상황의 추이가 약간 상이하게 나타나 이를 해석함에 있어 유의가 필요하다.

통영시의 고용상황을 파악할 수 있는 공식 통계는 통계청의 지역별고용조사이다. 지역별고용조사 자료를 이용하여 통영시의 취업자 수를 보면(<표 10>), 전체 취업자 수가 2008년 58.3천명 → 2013년 67.3천명으로 9.0천명(15.4%)↑ 증가하고, 기타 운수장비 제조업 취업자 수 또한 같은 기간 동안 11.8천명 → 12.6천명으로 0.9천명(7.4%)↑ 늘어난 것으로 나타나고 있다. 그렇다면 통영시를 고용촉진특별구역으로 지정하여 특별지원을 하고 한 것이 엉뚱한 소동을 부린 것인가?

여기서 통영시 취업자 정의를 다시 살펴볼 필요가 있다. 통영시 취업자는 거주지 기준 통영시 취업자로서 거주지가 통영시인 취업자를 의미한다. 바꿔 말해서 통영시 취업자는 반드시 통영시에서 일하는 취업자가 아니라 통영시에서 거주하고 있는 취업자라는 점을 유념해야 한다.

---

26) 허동정. 2014. 한국야나세 통영조선소서 첫 진수식, 『경남도민일보』 2014.11.14. "특히 국내 해운사로부터 수천 t급 선박을 수주 계약하고 2~3척을 추가 수주할 예정이어서 지역경제에 청신호를 밝혀주고 있다... 한국야나세는 1991년 6월 창립해 창원시 마산합포구 진전면에 본사를 두고 주로 해치커버와 라싱브리지, 예인선 등을 주로 생산하는 기자재업체다. 한국야나세는 일본 야나세를 본사로 출범했으나 현재는 일본 본사가 보유한 지분이 10%에 불과해 결과적으로 한국 기업인 셈이다." (허평세. 2014. 한국야나세 통영조선소 첫 진수식, 『경남일보』, 2014.11.14.)

<표 10> 산업별 통영시 취업자 (거주지 기준)

(단위: 천명)

	200810	200910	201009	201109	201209	201310	200810~201310	
							증감	증감율
계	58.3	59.7	59.8	59.2	64.7	67.3	9.0	15.4
농림어업 A	10.5	10.2	11.5	12.1	10.0	10.6	0.1	0.7
광공업 B,C	15.7	15.8	13.1	12.7	14.4	16.8	1.1	7.1
기타 운수장비 제조업 C31	11.8	12.7	11.3	10.2	11.6	12.6	0.9	7.4
전기운수통신금융 D,H,J,K	3.8	3.7	4.6	4.3	5.2	4.6	0.8	20.8
사업개인공공서비스 E,L~U	12.0	15.0	13.3	14.6	17.0	17.3	5.3	44.1
건설업 F	4.7	2.9	3.8	4.1	4.1	3.5	-1.2	-25.2
도소매 음식숙박업 G,I	11.5	12.1	13.3	11.4	14.1	14.4	2.9	25.0

자료: 통계청, 지역별고용조사 마이크로데이터 (시군 승수 적용); 창원대 노동연구센터.

　　다른 한편 <표 11>은 근무지가 통영시인 취업자의 산업별 분포와 그 추이를 제시한 것이다. 이것은 통영시의 일자리 사정을 보여준다고 할 수 있는데 <표 10>의 주거지 기준 취업자 수 추이와는 상이한 특징을 나타낸다. 여기에서 통영시에서 일하고 있는 취업자 수, 즉 전산업 일자리 수는 최근 5년 동안 대체로 증가세를 보인 것으로 확인된다. 하지만, 업종별로 나눠 보면, 제조업 특히 기타 운수장비 제조업에서는 일자리가 -3.4천명(-28.8%)↓ 삭감된 반면, 사업·개인·공공 서비스업 그리고 도소매 음식숙박업 등에서 일자리가 상당히 증가했음을 볼 수 있다.

<표 11> 산업별 근무지 기준 통영시 취업자

(단위: 천명, %)

	200810	200910	201009	201109	201209	201310	200810~201310	
							증감	증감율
계	59.3	58.1	58.4	57.8	60.2	63.3	4.0	6.7
농림어업 A	10.5	9.9	11.4	11.9	10.0	10.6	0.0	0.1
광공업 B,C	15.5	14.4	10.9	10.3	10.8	11.8	-3.7	-24.1
기타 운수장비 제조업 C31	**11.7**	**11.6**	**9.3**	**8.0**	**8.3**	**8.3**	**-3.4**	**-28.8**
전기운수통신금융 D,H,J,K	3.8	3.9	4.5	4.1	5.0	4.9	1.1	30.5
사업 개인 공공 서비스E,L~U	13.3	14.7	14.1	15.7	16.5	18.3	5.0	37.1
건설업 F	4.8	3.0	3.8	3.7	4.1	3.9	-0.8	-17.3
도소매 음식숙박업 G,I	11.4	12.2	13.6	12.1	13.7	13.8	2.4	21.4

주: 근무지기준 통영시 취업자는 근무지가 통영시인 취업자로 거주지가 통영시인 취업자와 다름.
자료: 통계청, 지역별고용조사 마이크로데이터 (시군 승수 적용); 창원대 노동연구센터.

이러한 내용을 종합하면, 최근 조선경기의 불황으로 통영시 내의 조선소에서 더 이상 일할 수 없게 된 사람들 가운데 통영시에 거주하면서 인근 거제와 고성으로 일자리를 찾아 통근하는 경우가 증가했음을 알 수 있다.

<표 12> 근무지별 통영시 거주 취업자 수

(단위: 천명)

	200810	200910	201009	201109	201209	201310
계	58.3	59.7	59.8	59.2	64.7	67.3
통영시	53.1	53.0	51.6	51.6	55.3	56.5
거제시	3.5	4.7	5.0	5.0	4.9	7.4
고성군	0.9	1.2	1.8	1.3	2.5	2.3
창원시	0.1	0.2	0.2	0.2	0.3	0.3
사천시	0.3	0.0	0.4	0.2	0.4	0.3
경남외	0.4	0.2	0.6	0.7	0.9	0.3

자료: 통계청, 지역별고용조사 마이크로데이터; 창원대 노동연구센터

한편 <그림 10>에 따르면, 통영시 고용보험 피보험자 수는 2009
년 10월 정점을 기록하고 이후 약 4년 이상 하향 추세를 지속했으
며, 2013년 12월에 바닥을 형성하고 그 이후로는 상승세를 나타내
고 있다27).

자료: 한국고용정보원, 고용보험DB

<그림 10> 통영시 고용보험 피보험자 수 및 증감률 추이
(전년 1달 평균 대비 및 전년 3달 평균 대비)

<표 13> 산업별 통영시 고용보험 피보험자 수 추이

구 분		2010.12월	2011.12월	2012.12월	2013.12월	2014.12월
농업 · 임업 · 어업 (A)		303	341	458	649	791
제조업(C)	기타운송장비제조업(31)	7,877	6,731	5,604	4,181	4,664
	기타	823	841	863	966	1,186
건설업(F)		1,213	1,176	1,039	1,035	1,072
도소매 · 음식 · 숙박(G,I)		1,398	1,434	1,537	1,629	1,730

27) 고용보험 피보험자 수가 전년 동기 대비 -5% 이상 감소한 사실이 통영시를 고용특구로 지정
한 요건 중 하나였다. 여기에 해당하는 시기는 2011년 8월~2012년 3월까지 그리고 2012년
11월과 12월이었다. 2012년 12월에 신청했기에 고용특구로 지정될 수 있었지 이 때를 놓쳤다
면 통영시는 고용특구 지정 요건을 충족할 수 없었을 것이다.

전기·운수·통신·금융(D,H,J,K)	1,843	1,794	1,698	1,712	1,739
기타	5,509	5,423	5,631	6,038	7,111
계	18,966	17,740	16,830	16,210	18,293

자료: 한국고용정보원, 고용보험DB

5. 결론

조선경기의 후퇴로 통영시 지역 내 조선소들은 수주 부족으로 일감이 바닥나고, 도산, 파산, 법정관리, 채권단 관리, 해외 시장 수요 변동에 심하게 영향을 받는 취약한 지역산업구조, 거제의 경우와 대비 해외 시장 의존도가 높은 것은 마찬가지이나 거제시에 비해 훨씬 더 큰 타격을 받았다. 이로 말미암아 주요 중소조선소들이 파산, 해체, 기반 붕괴 상태에 있어 경제 위기 이전의 호황기로의 회복을 기대하기는 당분간 힘들다.

이러한 사정은 통영시의 수출지향 중소 조선소 위주의 산업구조를 배경으로 한 것으로 자체적으로 통제할 수 있는 자원과 역량 범위를 벗어나는 해외시장의 침체에서 기인했음을 간과해서는 안 되겠으나, 그러한 지역 산업의 구조적 특성 또한 과거 지역 내 주체들이 선택한 경로의존적 진화의 산물이다.

고용특구 지정 지원은 통영시가 고용위기에 대응하는 데 어떠한 도움을 얼마나 주었는가? 특히 지역 리질리언스에 기여했는가? 만일 기여했다면 그 정도는 어떠하며, 어떠한 측면에서 그러하다고 할 수 있는가? 그 기여의 메커니즘은 무엇인가? 통영시 고용특구 지정은 종료되었으나 그 지원 사업은 아직도 진행 중이다. 따라서 이러한 질문들에 대해 확실한 대답을 찾기는 아직 때가 이를지 모른다. 통영시 고용특구 지정은 지역 주체들이 중앙정부의 특별지원을 제 공받기 위해 적극적으로 노력한 결과이다. 앞에서 살펴본 결과에 따르면, 고용특구지원사업 중 고용유지지원사업은 일자리 유지에 상당히 기여했으나, 고용촉진지원사업은 극히 제한된 고용 창출 효과를 거두는 데 머물렀다고 할 수 있다.

고용특구 지정을 통해 중소조선소들에 불어 닥친 고용위기의 충격을 흡수하는 데 도움을 받았지만, 통영시가 고용위기를 극복하기 위하여 적극적으로 대책을 수립하여 성공적으로 대응해 왔다고 할 만한 증거는 뚜렷하지 않다.

통영시 고용특구 지정 지원 경험은 고용특구 제도 자체의 문제점을 발견하고 개선하는 데 기여했다. 즉, <표 14>에서 보듯이, 2014년 고용노동부는 고용상황이 악화된 지역을 고용사정 악화의 정도에 따라 고용관리지역 - 고용위기지역 - 고용재난지역으로 3단계로 구분하여 보다 더 체계적으로 관리하는 체제를 갖추었다.

<표 14> 고용위기 지역의 지정 기준과 지원 내용

	고용관리지역	고용위기지역	고용재난지역
지정 요건	① 최근 3개월 동안의 업황 BSI가 전년 동기보다 20%이상 감소하고 지역 피보험자의 10%이상을 차지하는 업종이 존재하며, 최근 3개월 동안 전년 동기보다 지역 피보험자가 2%이상 감소한 지역	① 전년 동기 비교 실직인원이 지역 피보험자의 3%이상인 경우 ② 최근 3개월 BSI가 전년 동기보다 20%이상 감소하고 지역 피보험자의 10%이상을 차지하는 업종이 존재하며, 최근 3개월 동안 전년 동기보다 지역 피보험자가 5%이상 감소한 지역	① 전년 동기와 실직인원이 지역 피보험자의 5%이상인 경우 ② 최근 3개월 BSI가 전년 동기보다 20%이상 감소하고 지역 피보험자의 10%이상을 차지하는 업종이 존재하며, 최근 3개월 동안 전년 동기보다 지역 피보험자가 7%이상 감소한 지역

지원 내용	- 자치단체·지방관서 주도 로 광역구직활동 확대 등 지 역맞춤형 고용대책을 수립 - 본부에서는 지역 고용안 정지원금 지원과 함께 지역 맞춤형 일자리사업 등 지역 관련 사업 추가 지원	- 특별연장급여를 도입하여 지역 실업자에 대한 실업급 여 지급기간을 최대 60일 연장 - 자치단체·지방관서는 지 역맞춤형 고용대책을 수립하 고, 본부는 지정지역에 대한 종합취업지원대책을 수립	고용위기지역 지원내용+관 계부처 합동 행정·재정· 금융상 특별지원 방안 협의· 마련 예) 고용·재난지역 긴급대응 예비비 지원(기재부), 고용 대책 등을 위한 지방교부세 증액(안행부), 정책자금 활 용 및 금리 우대(중기청) 등

자료: 「고용위기 지역의 지정 기준 등에 관한 고시」 [시행 2014.8.25.] 고용노동부고시 제2014-30호, 2014.8.25.,
전부개정

지역고용정책으로서 지방자치체가 주체가 되어 체계적인 고용정
책을 수립 실시하여 상향식으로 지자체가 사업계획을 작성해 신청
하면 도의 지방고용심의회 및 고용노동부의 지역고용정책심의회에
서 심의하여 고용특구로 지정하고 특별지원을 제공하도록 하고 있
으나 실제 지자체의 역할은 대단히 제한되어 있다. 고용특구 지정기
간을 1년 연장하기로 하면서 고용노동부는 통영시의 적극적인 지역
발전 전략 수립 등 자구노력과 함께 고용부-통영시 공동으로 통영
지역고용협의회를 운영하여 지정 효과의 실효성을 높이도록 했다.
그러나 실제로는 고용노동부가 지역을 대상으로 한 고용정책의 기
본 경로의존이 계속되고 있다. 문자로는 지역이 주체가 되고, 지역
맞춤형으로 지역고용정책을 만들어 실시하겠다고 하지만 인원, 재정
기구조직, 관행은 의연히 중앙집권적 구태를 탈피하지 못하고 있다.
지자체로서는 자원과 역량의 한계가 크다.

지역맞춤형 일자리사업은 지자체와 비영리단체 등이 컨소시엄을
구성하여 지역특성에 맞는 일자리사업을 발굴 추진하도록 하고 있
다. 고용특구로 지정된 이후, 통영시는 특별한 지원을 받을 수 있으
나 막상 사업을 담당해 수행할 적합한 비영리단체가 지역 내에 없다

고 판단함으로써 거의 모든 사업들을 외지 단체에 위탁하여 수행하도록 했다. 조선산업 일자리 인력자원 개발 및 전직지원서비스 사업 중 전직지원서비스(노사발전재단), 재취업교육(진주 폴리텍대학), 심리적 불안정 해소를 위한 힐링 프로그램 운영(한국공인노무사회), 취업박람회 운영(한국공인노무사회), 그리고 산업실태와 산업별 종사자 특성 및 이직실태 조사연구 사업(한국공인노무사회) 등이 이같은 방식으로 추진되었다. 전문 인력이 부족한 것이 지역의 실정이다. 그렇다고 해서 아무 것도 하지 않고 가만히 있기만 하는 것이 아니라 외지의 전문가를 불러 들여 필요한 사업을 수행하도록 하는 것은 적극적인 실천이라고 할 수 있다. 하지만 이와 관련해 지역에 필요한 역량을 지역 내에서 육성, 재생산하는 안목과 메커니즘이 부재한 것이 문제이다.

참고문헌

경남고용포럼(2012), 「지역 조선산업 구조재편으로 인한 고용문제와 지원대책」, 경남고용포럼 제33회 정기집담회 자료집.

경상남도(2012). 통영시 고용개발촉진지역 신청안 심의 회의서류, 제2차 지역고용심의회, 2012.12.

김원배 신혜원. 2013. 한국의 경제위기와 지역 탄력성, 『국토연구』 제79권 (2013.12): pp. 3~21.

류장수(2013), "지역고용정책의 역사와 주요 쟁점 분석", 『지역고용연구』, 제5권 제1호, pp.23~46.

박종식(2013). 조선산업 위기와 '고용개발촉진지역'의 한계, 전국금속노조 노동연구원 이슈페이퍼 2013-1

심상완. 2012. 지역산업 진화의 경로의존 모델: 잠겨닫힘을 넘어. 『디지털 시대의 구로공단』, 한국학술정보: 1-55.

심상완. 2014. 고용특구지정 이후 통영시 고용동향 심층분석, 『지역고용동향 브리프』, 가을: 4-31.

심상완 이상호. 2014. 고용촉진특별구역의 정책 개선 과제: 통영시의 사례를 중심으로, 『지역고용노동연구』, 6(2): 1-24.

윤윤규·심상완·오상훈·이상호(2014), 『통영시 고용촉진특별구역지정의 고용영향평가』, 한국노동연구원.

이상호. 2015. 중소조선업의 고용위기와 지역노동시장 복원력, 미출간 원고.

이승호. 2014. '무법천지' 조선소… 100% 하청노동: 다단계 하도급 없애야 조선소가 산다, 『프레시안』, 2014.06.02.

이시균·이상호·윤미례(2013), 『평택지역 인력수급전망』, 한국고용정보원.

전병유, 오민홍, 홍현균, 김복순(2009), 『고용개발촉진지역 지정 및 지원방안에 관한 연구』, 노동부 학술연구용역사업 최종보고서.

하수정. 2012. 지속가능한 지역발전을 위한 지역 회복력(regional resilience) 지수의 도입, 『국토정책 Brief』 제410호(2012.11.26.), 국토연구원.

Boschma, R. 2014. Towards an evolutionary perspective on regional resilience,

Utrecht University Urban & Regional Research Centre Utrecht, Papers in Evolutionary Economic Geography 14.09.

Chapple, K. and Lester, T.W. 2010. The resilient regional labour market? The US case, Cambridge Journal of Regions, Economy and Society 2010, 3, 85-104.

Hill, E., Wial, H., Wolman, H. 2008. Exploring regional economic resilience, Working Paper, UC Berkeley, Institute of Urban and Regional Development, No. 2008.04.

Holling, C. S. 1973. Resilience and Stability of Ecological Systems, Annual Review of Ecology and Systematics 4, 1-23.

Martin, R., Sunley, P. 2014. On the Notion of Regional Economic Resilience: Conceptualisation and Explanation. unpublished paper submitted to Journal of Economic Geography.

Martin, R. 2012. Regional economic resilience, hysteresis and recessionary shocks. Journal of Economic Geography 12, 1-32

Martinez-Fernandez, C. et al.(2011), "The Territorial Dimension of the European Social Fund: A Local Approach for Local Jobs?', OECD Local Economic and Employment(LEED) Working Papers, 2011/23, OECD Publishing.

Neumark, D. and Simpson, H. 2014. Place-Based Policies. Oxford University Centre for Business Taxation, Working Paper series 14/10

Pendall, R., Foster, K. A., and Cowell, M. 2010. Resilience and regions: building understanding of the metaphor. Cambridge Journal of Regions, Economy and Society 2010, 3, 71-84.

Simmie, J. and Martin, R. 2010. The economic resilience of regions: towards an evolutionary approach, Cambridge Journal of Regions, Economy and Society, 2009, 1-17.

CHAPTER

2

안산시 선부동 '땟골마을' '고려인'의 이주과정과 로컬리티

이태정

1. 서론

‘Корейцы[까레이쯔]’. 러시아어로 ‘고려인들’이라는 뜻이다. 중국
에서 한국계 소수민족을 칭하는 말이 ‘조선족’인 것과 같다. 한국사
회에 비교적 알려진 ‘까레이스키’는 이 까레이쯔의 형용사형이다.
안산시 ‘땟골마을(선부2동)’의 ‘한국계 우즈베키스탄인’들은 자신을
이 까레이쯔 혹은 ‘우리(나라)사람’, ‘고려인(사람)’이라고 칭한다.
한국에 살고 있는 고려인들은 3만 여 명으로 추산되는데,28) 이들이
가장 많이 거주하고 있는 곳은 바로 안산시의 땟골마을이다.29)

안산시는 한국에서 가장 잘 알려진 ‘다문화도시’이다. 정부는 지난
2004년 안산시 원곡동 일대를 ‘다문화 특구’30)로 지정하였다. 1990
년대 중반부터 반월·시화 공단에서 일하는 외국인들이 점차 증가하
게 되면서 원곡동 일대가 이들의 근거지가 된 것이다. 원곡동은 안산

---

28) 재외동포재단에서 2014년에 펴낸 실태조사보고서에 의하면, 2007년 이후 방문취업(H-2), 재외동
포(F-4)를 기준으로 국내에 입국한 고려인은 약 2만 3천 명 정도이나, 불법체류자까지 합하면 한
국에 거주하는 고려인은 대략 3만여 명에 이를 것으로 보고 있다. 국적별로는 우즈베키스탄이 1
만 5천 여 명, 러시아가 5천 여 명, 그리고 카자흐스탄이 2천 여 명이다(재외동포재단 2014: 4).

29) 안산 선부동 다음으로 우즈베키스탄 고려인들이 많이 거주하여 공동체가 형성되어 있는 지역
은 전남 광주의 ‘고려인마을’이다.

30) 정부는 안산역에서 원곡본동 주민센터에 이르는 거리를 ‘국경 없는 거리’로, 그리고 그 인근지
역인 이주민 집중 거주지역인 원곡동 일대를 ‘국경 없는 마을’로 공식화하고 다문화특구로 지
정하였다(<지역특화발전특구법안(법률 제07192호, 2004.9.23. 시행)>에 의거.)

역을 사이에 두고 남쪽으로는 공단이, 북쪽으로는 낮은 임대료의 노
동자 주택이 형성되어 있는 지역이다. 1980년대 안산을 '노동의 도
시'라는 이름으로 불리게 했던 저소득층 맞벌이 노동자들의 생활세
계였다. 그러던 것이 1990년대 후반 이후 내국인 노동자들의 '떠남'
과 외국인 노동자들의 '들어옴'이 진행됨에 따라 원곡동 일대는 이주
민들의 공간으로 탈바꿈하게 된다. 2000년대 초중반 이주노동자들을
위한 인권 및 지원 단체들의 수도 늘어나고, 안산시 차원에서도 이들
을 위한 대책을 하나둘 마련하게 되면서, 원곡동은 '다국적·다인종·

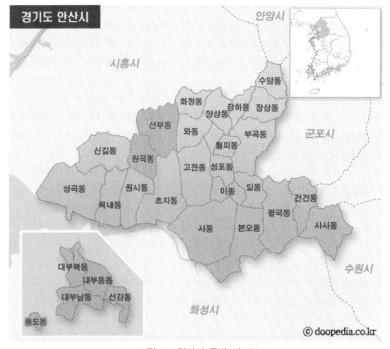

<그림 1> 안산시 동별 지도31)

---

31) 지도출처: http://www.doopedia.co.kr/search/encyber/totalSearch.jsp?WT.ac=search

다민족' 이주민의 삶의 터전이 되었다. 많은 시민단체, 학계, 그리고 국내외의 행정기관이 각기 시민사회운동, 학술조사, 정책적 실험 등의 대상이자 모델로 삼아 원곡동을 방문했다. 이렇게 지난 20여 년간 안산시는 사회각계의 관심 속에서 '다문화 도시'로 자리매김하게 되었다.

하지만, 최근 몇 년 동안 안산의 다문화지역은 공간분리적인 현상을 보이며 변화를 겪고 있다. '국경 없는 마을'이라 불리던 원곡동 일대는 차이나타운이라고 해도 과언이 아닐 정도로 중국국적의 거주민 및 중국인 대상의 상점들이 '국경없는 거리'를 채우고 있다. 동시에, 인도네시아, 필리핀 등 동남아시아 출신의 외국인들은 원곡동 일대에서 '거주'하다가 다른 지역으로 '이주'하는 사례가 많아졌다. 이 글의 주인공인 고려인들은 원곡동에서 떨어진 지역－우즈베키스탄인의 경우 선부2동의 땟골마을, 러시아인의 경우 고향마을 －을 선호한다. 원곡동의 높은 임대료를 피하기 위해서라고 입을 모은다. 외국인들 사이에서 국적 및 계층별로 분화 현상이 나타나고 있음을 짐작해 볼 수 있다.

2007년 이후 원곡동을 중심으로 급증한 '조선족'(한국계 중국인)과 거리를 두게 된 외국인들 중 우즈베키스탄 국적의 한국계 동포, 즉 '고려인'들은 땟골마을에 집중적으로 이주하면서 정착지를 형성하게 되었다. 땟골마을은 원곡동과 인접한 선부2동 일대로 다가구 주택이 밀집되어 있다. 그러나 선부동은 원곡동에 비해 역과의 거리가 멀고, 대중교통이 불편하다. 때문에 임대료가 비교적 낮은 수준이다. 땟골마을에 가면 러시아어 간판과 안내문을 곳곳에서 찾아볼 수 있다.

안산시에 거주하고 있는 외국인 중 중국인(조선족 포함)을 제외하고 가장 많은 수를 차지하고 있는 것은 우즈베키스탄 국적의 이주민들이다. 한국에 체류하고 있는 외국인을 가장 많은 순서대로 나열했을 때, 우즈베키스탄은 중국(조선족 포함), 미국, 베트남, 태국, 필리핀에 이어 여섯 번째에 위치한다(법무부 출입국 통계연보 2014). 안산의 우즈베키스탄인들 중, 고려인들의 정확한 수는 알기 어렵다. 아래 <표 1>을 보면 알 수 있듯이, 행정통계 상으로 우즈베키스탄 국적은 '한국계' 중국인과 '한국계' 러시아인과 달리 동포여부가 별도로 집계되지 않는다.[32] 따라서 체류자격, 즉 동포에게 주어지는 방문취업제(H-2)와 외국국적동포(F-4) 항목을 통해 유추해 볼 수 있다.

<표 1> 안산시 외국인 현황(거소신고자 포함, 2015. 4월 말 현재)

체류자격 국적별	계 (%)	고용 허가제	방문 취업제	결혼 이민자	유학· 연수	전문 인력	방문 등 기타	외국국적 동포
	71,288	7,493	27,649	5,153	892	469	12,442	17,190
	100%	10.51%	38.78%	7.23%	1.25%	0.66%	17.45%	24.11%
1 한국계 중국인	46,033	116	23,723	1,501	18	1	6,020	14,654
2 중 국	7,565	189	0	2,092	445	196	4,643	0
3 우즈베키스탄	4,875	271	3,391	65	15	5	327	801
4 베 트 남	2,508	1,235	0	695	34	60	484	0
5 한국계 러시아인	1,412	0	92	22	0	0	65	1,233
6 인도네시아	1,392	1,338	0	26	5	12	10	1
7 필 리 핀	1,297	1,009	0	152	16	32	88	0
8 네 팔	734	657	0	21	5	12	39	0
9 캄 보 디 아	637	547	0	58	2	0	30	0
10 스 리 랑 카	619	604	0	7	2	1	5	0
11 기타	4,216	1,527	443	514	350	150	731	501

자료: 안산시 인구현황, 2015. 4. 안산시 통계 홈페이지(https://stat.iansan.net 2015.5.4.검색)

---

32) '한국계 중국인'은 흔히 사회적으로 '조선족'으로 알려진 중국출신 동포이며, '한국계 러시아인'은 같은 '고려인'이지만, '사할린 동포'라는 이름으로 더 많이 알려져있다. 이 사할린 동포들은 우즈베키스탄 출신의 고려인과 달리, 대부분 '재외동포' 자격으로 한국에 입국해 있으며, 안산시 상록구 사동에 만들어진 '고향마을'에 집중거주하고 있다.

2015년 4월 말 현재, 안산시 전체 외국인 인구인 71,288명 중 우즈베키스탄 국적을 가진 사람들은 총 4,875명으로 6.8%를 차지한다. 그리고 우즈베키스탄 국적을 가진 외국인 중 방문취업제 3,391명과 외국국적 동포801명인 것을 볼 때, 우즈베키스탄 국적자의 약 86%가 고려인인 것으로 추정해 볼 수 있다(표 1 참고).

이 글은 안산시 선부2동 뗏골마을에 정착 혹은 거주하고 있는 우즈베키스탄 국적의 고려인의 이주과정에 대한 사례 보고서이다. 세대를 거듭하면서 한반도에서 사할린으로, 사할린에서 중앙아시아 등지로 거듭되는 이주과정을 통해 '까레이쯔'이라는 이름 외에는 한국에 대한 직접적인 경험과 기억이 없는 '한국인'이다. 이들은 어떠한 이주과정을 거쳐서 한국사회에 정착하게 되었을까? 이들이 받아들이고 있는 한국 사회는 어떤 의미일까? 고려인 마을이 된 뗏골에는 어떤 변화가 일어나고 있을까? 뗏골에 거주하고 있는 고려인과, 고려인을 위한 야학 및 상담소를 운영하고 있는 시민단체를 찾아 아직까지 잘 알려지지 않은 '또 하나의 한국인'의 이야기를 들어보았다.

2. 우즈베키스탄의 '까레이쯔'의 이주과정

고려인들의 이주역사는 지금으로부터 약 150여 년 전으로 거슬러 올라간다. 많은 역사가들은 고려인들의 이주역사를 세 시기 혹은 네 개의 시기로 구분한다(고가영 2009: 53; 재외동포재단 2014: 13 외). 이들에 의하면, 고려인들의 최초의 이주는 19세기 후반으로 기록되고 있다. 고려인들은 당시 조선사회의 사회적 부패 및 위기와 가난을 피하기 위해 러시아 땅으로 이주하기 시작하였다. 1869년 조선 북부지방의 대홍수로 인하여 4,500여 명 정도가 러시아 연해주로 이주하여, 땅을 일구어 농업지대로 만들며 정착해 나갔다. 이 시기의 이주는 경제적 이유와 함께 항일독립운동을 위한 정치적 이유도 포함되어 있다. 두 번째 이주는 소비에트 시기 스탈린에 의한 강제이주 정책의 실시로 인한 이주이다. 1937년 스탈린 정부는 '고려인들의 일본제국주의를 위한 간첩행위와 이의 위험성 대비'라는 핑계로 중앙아시아로 이주시켰다. 세 번째 이주는 1953년 스탈린 사후 거주지 제한이 철폐된 이후 중앙아시아에서 러시아본토 전역으로 이주한 것이며, 마지막으로 네 번째 이주는 소연방 해체 후 이루어진 것으로, 중앙아시아의 민족적 차별을 피해 러시아로, 그리고 한국으로 이주한 재이주(return migration)의 시기이다(고가영 2009: 53).[33]

한국으로 이주한 고려인들은 우즈베키스탄 국적을 가지고 있지만, 의사소통에 사용하는 언어는 러시아어이다. 소연방 해체 후 중앙아시아의 고려인은 CIS(Commonwealth of Independent States; 독립국가연합)에서 소수민족 취급을 받았고, 이는 우즈베키스탄에서도 예외가 아니었다. 언어, 문화, 종교적으로 러시아와 상이한 우즈베키스탄은 독립 후 '우즈베크 민족주의' 정책을 고수하였다. "민족주의 정책의 대표적인 언어정책에 따라 러시아어만을 구사하는 이들은 직장 선택, 승진, 그리고 직위이동에 차별"을 받았다. 여기에 "경제

---

33) 고가영(2008)은 1)19세기의 경제적·정치적 이주, 2)스탈린의 강제이주, 3)스탈린 사후 중앙아시아에서 러시아 본토로의 재이주, 4)소연방 해체후 중앙아시아에서 러시아로의 이주 네 시기로 구분한다. 반면 세 시기로 분류하고 있는 재외동포재단의 보고서에는 고가영의 분류에서 세 번째 이주를 다루지 않고 있다. 이 글에서는 정치적·경제적·지리적 과정이 교차하고 있는 것을 기준으로 네 개의 시기 구분을 따르되, 마지막 시기인 소연방 해체후 이주과정에 러시아로의 재이주와 한국으로의 이주를 포함시켰다.

적인 낙후성은 고려인들의 연해주로의 재이주, 사업의 실패로 인한
가족의 해체, 직업선택의 변화와 이에 따른 교육의 중요성 저하"와
같은 결과를 낳았다(성동기 2001; 2006: 62-66). 땟골에서 만난 고
려인들 중에도 경제활동을 위해 러시아로 이주했다가 한국에 대한
정보가 고려인 사회를 중심으로 알려지면서 한국을 찾은 경우들이
많았다.

> "그 전에는 임시 비자로, 관광비자. 러시아에서 사업 좀 하다가 우
> 리 아저씨 먼저 한국 오고, 법(고용허가제 시행) 바뀌면서 아저씨
> 다시 우리나라(우즈베키스탄)왔다가 나랑 아들 같이, 나중에 들어
> 왔어요. 언제지... 나는 8년 됐어요. 우즈벡에는 집있고, 그냥 그거
> 세 줬어요. 응 여기서 살아야지. 아저씨도 있고, 아들도 일하고 있
> 어요. 이들은 이제 3년 됐네. 비자 바꿀 수 있어요, 이제." (고려인,
> 50대, 여)

> "지금, 우리 딸 러시아에 있어요. 거기서 살아요. 나는 지금 친척
> 언니랑 같이 살아요. 응 공장에서 일해요. 그거... 휴대폰에 (부품?)
> 네, 힘들지만 괜찮아요." (고려인, 40대, 여)

고려인들의 이와 같은 이주과정은 현재 한국에서 생활하고 있는
고려인들이 왜 한국사회에 대한 애착과 정착 욕구를 갖게 되었는지
를 보여준다.34) 실제로 이주민들이 경험하는 다양한 이주의 경로 및

---

34) 고려인의 이주과정에 대해서는 다음과 같은 선행연구들이 있다. 우선, 우즈베키스탄 고려인들
의 에스니시티에 대한 다음의 연구들을 통해 현지인들의 삶과 문화를 엿볼 수 있다: 장준희
(2012), "우즈베키스탄 한인의 전통명절과 공동묘지의 에스니시티", 『비교민속학』 49: 151-193;
성동기(2012), "체제전환기에 나타는 우즈베키스탄 고려인 독립세대의 정체성 문제와 대응방안
고찰-국가정체성과 민족정체성 확립을 위한 교육정책을 중심으로", 『역사교육』 121: 191-219;
임영상·박마야(2010), "타슈켄트의 신코리아타운 <시온고> 고려인 마을과 한국문화", 『글로
벌문화콘텐츠』, 5:41-86; 엄안토니나·이병조(2010), "마르르칸트에서 살아온 소비에트 고려인
의 다문화적인 삶의 이야기", 『재외한인연구』, 22:7-55; 관훈클럽해외세미나(2011) "고려인의
이주와 정체성" 외. 다음으로, 우즈베키스탄 고려인들의 이주에 영향을 미치는 다양한 요인들
과 한국 정착을 비롯한 이주과정에 대한 이해를 돕는 연구들로는 다음을 참조: 이채문(2014).

과정은 이주민들의 삶과 아이덴티티 그 자체를 재현하는 시·공간이기도 하다. 이주과정은 국경을 넘는 공간적 이동일 뿐만 아니라, 삶의 중요한 의미를 창출하는 과정이기도 하다. 이주과정에는 끊임없는 선택의 상황에 놓인 이주민들이 구성하고 재구성하는 아이덴티티가 반영된다. 이주는 각 개인들이 가족, 공동체, 계급 등 자신이 속해 있는 집단과 동일시하는 과정인 동시에, 그로부터 떨어져 나와 자신이 누구인지, 어떤 사회에서 살아가고 있는지, 어떤 존재인지를 끊임없이 되새기는 '재위치화(re-positioning)' 과정이기 때문이다.

한편, 우즈베키스탄 고려인 200명에 대한 설문조사를 기반으로 고려인의 정체성과 '디아스포라 의식'을 분석한 한 연구는 우즈베키스탄의 민족주의 정책이 고려인들로 하여금 "새로운 민족정체성을 향한 재생의 단계로 넘어가게" 하는 데 영향을 미치고 있다는 점을 보여준다(전형권·율리아김 2006). 즉, 우즈베키스탄의 민족주의 정책 하에서 고려인들은 첫째, 모국어를 러시아어로 생각하며, 둘째, 심리적 동일성 및 자긍심은 한민족에 가까우나, 셋째, 언어 및 문화, 한국에 대한 관심과 같이 한국인의 아이덴티티를 구성하는 객관적 요인에는 거리감을 둔다. 요컨대 고려인들이 당면하고 있는 우즈베키스탄의 소수민족 정책은 고려인들이 디아스포라 의식과 민족정체성을 유지하는 데 의미 있는 조건들을 마련하고 있는 것이다(전형권·율리아김 2006: 375-6).

"아랄해의 환경문제와 고려인의 이주·정착 및 지역성 변화 우즈베키스탄 카라칼파스탄 공화국의 사례를 중심으로", 『한국동북아논총』, 70:197-221; 김경학(2014), "중앙아시아 고려인의 한국 이주와 정착: 광주 '고려인마을'을 중심으로", 『국제지역연구』, 17(4): 259-282; 김재기(2014), "광주광역시 광산구 지역 귀환 고려인의 이주배경과 특성", 『재외한인연구』, 32:139-163 외.

"우리 김치 만들어먹어요. 우즈베키스탄에서도 한국음식 만들어 먹었어요. 할아버지 있고, 또 명절도 있고 하니까. 우리 김치 없으면 안돼요. 하하하" (고려인, 50대, 여성)

우즈베키스탄에서의 이와 같은 '디아스포라 의식'의 강화 과정은 한국으로의 이주에 영향을 미친 요인 중 하나라 볼 수 있을 것이다.

3. 땟골마을의 '우리사람'

고려인의 한국 이주는 크게 두 가지로 구분해 볼 수 있다. 하나는 사할린 교포들의 영주귀국이다. 사할린 교포들은 주로 일제 강점기 징용 등으로 끌려갔던 한인 1세대들이다. 다른 하나는 CIS 지역 거주 교포들에 대한 방문취업제 적용 이후의 노동이주를 통해 입국한 중앙아시아 출신의 고려인들이다. 두 집단 간에는 이주의 과정 및 결과에서 차이가 나고, 현재 한국에서의 체류 상 지위 또한 구분된다.[35] 이 글에서는 두 번째만을 다룬다. 한국에서의 주요 체류 자격은 다음과 같다:

- 방문취업(H-2): 3년 기한, 2년 연장 가능, F-4 비자로 변경 가능.

---

[35] '사할린동포'의 영주귀국과 안산시 '고향마을' 정착과정을 둘러싼 정치사회적 과정에 관해서는 한명숙(2005)의 『사할린동포 영주귀국과 정착지원방안 모색을 위한 정책자료집 : 광복 60주년, 사할린동포의 희망찾기』를 참고. 고향마을에 거주하는 사할린동포들에 대한 구술생애사 수집 작업은 한양대학교 문화인류학과 및 한양대 글로벌다문화연구원 소속 연구진들을 중심으로 지속적으로 이루어지고 있다. 대표적인 성과물로는 <한민족 다문화 삶의 역사 이야기>를 참조 (한양대글로벌다문화연구원 홈페이지 http://multiculture.hanyang.ac.kr/research_biz/view_hi.php, 2015.5.25. 검색, http://www.yonhapnews.co.kr/bulletin/2015/05/15/0200000000AKR20150515115 400371.HTML, 2015. 5.25 검색)

- 재외동포 비자(F-4): 3년마다 갱신, 장기체류 가능, 영주비자 (F-5)로 변경 가능
- 동반체류(F-2): 재외동포 자녀

방문취업제는 재외교포들에게 적용되는 일종의 특례 고용허가제로 지난 2007년 도입되었다. 방문취업제 비자는 5년 유효, 1회 최장 3년 체류할 수 있는 복수사증으로 사실상 입출국의 자유를 보장하고 있다.[36] 그러나 방문취업제 역시 고용허가제라는 큰 틀에서 운영되고 있는 제도이기에, 이들에게 허용된 취업 업종은 제조업, 농축산어업, 서비스업 등으로 한정되어 있다. 때문에 저임금과 불안한 고용조건에 노출될 가능성이 높다. 실제로 재외동포재단의 실태조사 보고서에서도 방문취업제를 통해 입국한 고려인들은 단순기능인력 및 건설노동자 등의 단순노무업종(67.0%)에 가장 많이 종사하고 있으며, 조사대상의 절반을 넘어서는 51.8%가 100만원에서 150만 원 정도의 월급을 받고 있는 것으로 파악되었다(재외동포재단 2014: 71-114). 고려인은 조선족과 비교하여 한국어가 서툴기 때문에 실제로 고용 업종 또한 제한되어 있다. 땃골의 고려인의 경우는 대부분 인근 공단의 단순기능인력으로 종사하고 있다. 외국국적동포(F-4) 비자 소지자의 경우는 제조업 취업이 허용되지 않았으나, 지난 2013년 <고려인동포 합법적 체류자격 취득 및 정착 지원을 위한 특별법(약칭: 고려인동포법)>[37]이 개정된 후에야 가능해졌다.

---

36) 방문취업제에 대한 구체적인 내용은 고용노동부의 안내를 참고
   (http://www.moel.go.kr/policyinfo/foreigner/view.jsp?cate=4&sec=1, 2015. 4. 30 검색)
37) 해당 법안은 국가법령정보센터에서 확인
   (http://www.law.go.kr/LSW/lsInfoP.do?lsiSeq=136662#0000, 2015.4.20. 검색)

앞서 언급하였듯이 뗏골마을에 우즈베키스탄 고려인들이 증가하게 된 것은 2007년 고용허가제 법안의 개정으로 인하여, 재외동포에 대한 특례고용허가제인 '방문취업제'가 도입·시행되었기 때문이다. 한편, 2007년 이전에도 뗏골에 거주하는 고려인들이 존재했다. 필자는 지난 2003년부터 1년 정도 원곡동에 조사를 나갔던 적이 있다. 고용허가제 실시를 앞두고 전국의 이주노동자 밀집 지역을 중심으로 불법체류자 신고 및 단속이 이루어졌던 시기였다. 당시 원곡동에서 만난 한 시민활동가는 "뗏골에는 고려인들이 모여 살아요. 그 사람들은 여기 안와요"라고 알려주기도 했다. 당시에 그 숫자는 매우 적었던데다, 고려인들이 한국어를 사용할 수 없었기 때문에 자신들만의 '모여살기'를 통해 한국사회에서 생활해 나가고 있었던 것으로 보인다.

> "여기 와서 H-2(방문취업)비자가 있기 전에 왔던 사람들, 그러니까 2006년도 전에 10년도, 그러니까 이제 십년이 다 되어가죠. 그러니까 모두가 그 전에 왔던 사람들은 불법 체류이기 때문에 여기서 밀집지역을 이루고 살 수가 없는 상황이라 어디서 사냐면 모텔이나 이런데서 다 살거나 공장에 숨어서 살았던 사람들이에요."
> (지원센터 실무자 A)

<표2>에도 나타나듯이 2007년 3월 말 선부2동의 외국인의 수는 불과 345명에 지나지 않았다. 그러던 것이 3년 후인 2010년에는 1,070명으로 세 배 가량 증가하였으며, 2012년경부터 급증하여 2015년 4월 현재 5,140명으로 선부2동 전체 인구의 18,4% 정도를 차지하고 있다. 또한 이 지역의 전체 인구 및 내국인 인구는 감소 추세에 있는 반면, 외국인의 수는 반대로 증가하고 있다. 즉 뗏골마을을 떠나는 한국인의 빈 자리를 외국인들, 특히 고려인들이 채우고 있다고 할 수 있다.

<표2> 안산시 동별 인구 현황(내외국인, 연도별)

구 분	2015.4월말 현재			2010년 12월말 현재			2007년 3월말 현재		
	계	내국인	외국인	인 구	내국인	외국인	인 구	내국인	외국인
계	759,918	705,337	54,581	753,862	714,891	38,971	727,058	702,571	24,487
상 록 구*	390,820	381,520	9,300	384,904	379,136	5,768	375,410	372,186	3,224
단 원 구	369,098	323,817	45,281	368,958	335,755	33,203	351,648	330,385	21,263
와 동	46,887	45,582	1,305	46,647	45,891	756	46,652	46,150	502
고잔 1동	23,705	23,191	514	24,720	24,215	505	25,407	25,060	347
고잔 2동	22,836	22,546	290	25,377	25,299	78	25,580	25,504	76
호 수 동	44,595	44,283	312	45,130	45,059	71	44,045	44,040	5
원곡본동	56,473	33,394	23,079	47,613	32,220	15,393	30,236	21,141	9,095
원곡 1동	13,848	8,429	5,419	15,380	10,089	5,291	12,523	11,507	1,016
원곡 2동	16,744	16,593	151	17,054	16,987	67	16,692	16,645	47
초 지 동	53,592	46,411	7,181	57,204	49,147	8,057	58,614	49,536	9,078
선부 1동	18,004	17,029	975	20,147	18,625	1,522	20,443	19,956	487
선부 2동	27,919	22,779	5,140	26,945	25,866	1,079	27,062	26,717	345
선부 3동	36,735	35,903	832	35,393	35,148	245	37,528	37,361	167
선부동계	82,658	75,711	6,947	82,485	79,639	2,846	85,033	84,034	999

*주1. 연도별 동별 인구에서 재구성, 상록구 동별 세부 인구는 제외
자료: 안산시 인구현황, 각년도, 안산시 통계 홈페이지(https://stat.iansan.net 2015.5.4.검색)

땟골의 고려인들은 '노동이주민'들이다. 즉 여느 이주노동자와 마찬가지로 경제적 이유에서 일자리를 찾아 온 이주노동자이다. 안산을 찾은 고려인들은 제일 처음에는 단기 체류 비자 혹은 관광비자로 사할린을 거쳐 속초 및 동해항을 통해 입국했다고 전해진다. 고려인들 사이에 안산이라는 지역이 알려지면서, 한 때 안산의 택시기사 중에는 동해와 안산을 오가며 고려인의 입국 초기 안내 역할을 해주었던 이들도 존재한다. 지리적으로 한국과 가까워서 비교적 왕래가 활발했던 중국과 달리 우즈베키스탄의 고려인들은 일단 한국에 입국하고 나면 돌아갈 수 없는 상황에 처하는 경우가 많았다. 이는

고용허가제도가 정착되기 이전 대부분의 이주노동자들의 경험과 유사하다. 높은 브로커 비용, 이동의 부자유, 불안정한 체류자격이 고려인의 한국에서의 이주노동의 첫 경험이다.

"그 전에는 C-3비자(단기방문)로 오는 거에요. C-3비자는 3개월만 체류를 할 수 있어요. 그러면은 중국 같은 경우는 3개월 체류를 해서 비행기 타고 다시 돌아갔다가 찍고 다시 오고 이게 가능하잖아요. 그런데 중앙아시아는 찍고 올 수가 없는 상황이에요. 그러니까 올 수가 없는 거에요. 그래서 왔다 하더라도 불법 체류고 들어오는 비용이 이 분도 아파트값 한 채를, 자기 집 아파트를 팔고 왔어요. 10년 전에 2006년도인가 그때 왔을 때 500만 원을 브로커한테 주고 온 케이스에요. 그러면 500만 원 주고 3개월을 있을 수가 없는 거잖아요. 그나마 왔다갔다 C-3비자로 왔던 사람들은 어떤 사람들이냐면 배타고 블라디보스톡에서 동해로 와 가지고 속초로 그때 중국 배 있었죠. 그 배를 타고 왔던 사람들이 3개월 동안, 그때는 불법으로 안 했죠. 3개월 동안 올 때 어떻게 하냐면 와서 배를 타고 와서 3개월 있고 90일 동안 80일 동안을 일을 하는 거에요. 안 쉬고, 그러면 돈을 벌잖아요. 그리고 다시 브로커한테 다시 도장을 찍고 7일 동안 이제 들어갔다 오는 게 3박 4일이면 들어갔다 올 수 있어요. 그러니까 집에서 하루나 이틀 쉬고 배에서 쉬는 거에요. 그리고 와서 다시 여기서 80일 동안 일을 하고 다시 도장을 찍고 이렇게 왔어요." (지원센터 실무자 A)

그런데 고려인들이 한국사회에서 갖는 위치는 매우 복합적이다. 외국인이지만 한국인이기도 한, 그리고 노동이주라는 한시체류이지만 언젠가는 한국 정착을 희망하는 귀환이주이기도 한 고려인들의 체류자격 때문이다. 또한 고려인 대부분이 한인 3세 혹은 4세이기 때문에 한국어 구사가 자유롭지 못하기 때문에 일자리를 구할 때나 지역사회와의 관계에 있어 한계가 있다. 한국어가 능숙한 조선족에 비교되는 측면이기도 하다. 그 때문인지 같은 '동포' 자격이자 이주민인 조선족들과의 관계는 거의 찾아보기 힘들다. 일터에서 만나는 경우라도 조선족은 한국어를 잘 하기 때문에 "한국 사람들처럼 군다", "우리를 무시한다"라는 것이다. 또한 고려인들이 모여 사는 지역사회에는 이들 간의 친밀한 소규모 공동체적 관계가 많이 발견된다.

> "거기서도 동네 사람들끼리만 모여 살았으니까, 쟤는 진짜 괜찮더라 혹은 누구는 바람둥이다 이게 소문이 다 나고 동네 누구는 여기 와서도 똑같아요. 여기 와서도 느끼는 건 쟤 우리 꼬르주에 살았어, 쟤네 엄마는 뭐였어 이게 있어요. 성격이 어때, 저 집안은 이렇대 이렇게 해서 동네 옛날 그게 있다니까. 다 소문이 다 나요. 요즘 얘기 들으면. 이 골목 문화가, 그래서 이 골목 문화가 되게 독특하다. 이 사람들이 거기서도 뭉쳐서 살았잖아요. 여기 와서도 뭉쳐 살아요. 지방에서 내려가도 뭉쳐 살아요. 물론 애들한테도 문제가 없는 건 아니에요. 잘하는 애들이 그러는 건 아닌데 애들이 맞고 기합 받고 그러니까 좀 힘들어하는 애들이 좀 있어요."
> (지원센터 실무자 A)

고려인들의 '뭉쳐살기'는 가족이주가 그 원인이 되기도 한다. 고려인의 약 70%가 가족과 함께 한국에서 생활하고 있다(재외동포재단, 2014: vi). 최근 2년 동안 새로이 입국한 자녀들이 증가하면서, 오후가 되면 땟골 거리에는 삼삼오오 몰려다니면서 러시아어로 대화하는 10대 청소년들을 만날 수 있다. 이들은 지원단체 사무실을 놀이터처럼 들락거리며 부모의 소식을 전하기도 하고, 학교에서 있었던 일을 털어놓기도 한다. 점차 증가하고 있는 고려인 청소년들이 직면한 문제들-언어, 학교생활, 삶의 질 보장, 미래에 대한 계획 등이 가능하도록 하는 것 등-은 한국사회가 현재 마주하고 있는 중요한 과제라고 하겠다.

"나는 본국에서 공부도 잘했고 지금 정말 잘하고 싶은데 말을 못 알아들어서 못하는 건데 너무 힘들다. 돌아가 버리기도 해요. 우즈베키스탄 돌아간 친구도 있었고 거기서 고등학교 다 졸업하고... 그런 경우도 있고 학교를 가래도 안가요. 애들이 막... 가면 맞는다고... (애들이 때리나 많이?) 애들하고도 그런 게 있지만 선생님들이...(선생님들?) 물론 애들도 문제가 있어요. 말을 하면 이제 좋은 것만 알아듣는 척하고 이렇게 애들이 원래 그렇잖아요. 거기다 대고 이걸 "네"라고 해야 될지 "아니요"라고 해야 될지 한국 애들도 감이 잘 안 잡히는데..." (지원센터 실무자 B)

땟골마을의 저녁은 일터에 나갔던 고려인들이 돌아오는 시간에 시작된다. 오후 7시 경이 되면 마을 곳곳에 간단한 먹거리 장이 서고, 8시가 넘어서면 퇴근 승합차에서 내리는 고려인들을 만날 수 있다. 대중교통이 불편한 땟골에서 고려인들의 이동수단은 출·퇴근 승합차와 택시이다. 가까운 거리는 서너 명이 모여서 택시를 타는 것이 시간적·비용적으로 경제적이기 때문이다.

<그림 2> 안산시 단원구 선부2동 땟골마을

지원센터가 들어서고, 이를 찾는 고려인들이 많아짐과 동시에 땟골을 찾는 사람들도 증가하고 있다. 지역사회에서 자원활동을 하고자 하는 대학생들 및 연구자들의 발걸음은 지속적이지는 않지만 끊이지는 않는다. 주말에는 한국인을 위한 러시아어 교실이 열린다. 가까운 안산 뿐만 아니라, 안양, 서울 등 인근지역에서 고려인이 진행하는 러시아어 수업을 듣기 위해 땟골을 찾는 한국인들도 있다. 고려인들의 한국어 '습득'만이 중요한 것이 아니라 '언어 교환'을 통해 상호 이해를 높이려는 것이다. 러시아어 교실이 끝나면 함께 운동을 하러 간다. 인근 고등학교 체육관을 빌려 탁구, 농구, 배드민턴 등과 같은 운동을 하면서 함께하는 사람들의 존재를 느끼고 있다.

최근 땟골마을의 두드러진 변화는 집값－임대료가 상승했다는 것이다. 3년 전부터 고려인들이 급증하게 되면서, 집주인들이 방값을 올린 것이다. 월세 20만원이면 되던 것이 두 배 이상 상승하게 되었다. 또한 오래되어 낡고 비위생적인 건물들을 재건축하는 경우도 많아지면서 임대료의 상승을 촉진하고 있다. 이에 많은 고려인들은 좀더 싼 방을 찾아 안산시 외곽으로 나가거나, 지방으로 이주하는 경우도 적기는 하지만 눈에 띄는 현상으로 관찰되었다. 안산시 고려인마을, 즉 고려인의 정착지로서 공동체의 공간으로서 자리했던 땟골마을은, 고려인의 유동성 증가와 함께 정착을 위한 공간에서 드나듦의 공간으로 변형되는 과정이 진행중이다.

4. 결론을 대신하여

지금까지 간략하게나마 스스로를 '고려사람(고려인)'으로 부르는 우즈베키스탄 출신 이주민들의 한국 정착과 지역 사회 공동체가 만들어지기까지의 이주과정을 통해 '땟골마을'의 로컬리티를 탐색해 보았다.

반월·시화공단의 배후지이자 '다문화 도시' 안산의 명성은 고려인들이 안산시에 정착하게 된 가장 큰 이유이다. 안산시의 외국인 등록인구 중 세 번째로 많은 수를 차지하는 우즈베키스탄인들의 대부분이 고려인들이고, 이들은 '땟골마을'이라는 별칭으로 불리는 안산시 선부2동에 집중 거주하고 있다. 한국사회가 이들에게 부여하는 체류자격은 한국계 후손임을 인정하는 '특례고용(H-2)'과 '재외동포(F-4)'이지만, 조선족에 비해 한국어가 서툴기 때문에 정착지역, 종사업종, 출신지와의 관계, '모국'으로서 한국사회에 대한 인식에서 두드러진 차이를 보인다. 또한 같은 러시아어를 사용하는 한국계 후손이 정착한 '고향마을'(안산시 상록구 사1동)의 사할린 교포들과도 구별된다. 이와 같은 차이는 이주민들의 이주과정의 차이에 기인한다. 역사 연구들에 의해 밝혀진 바에 의하면, 조선족, 사할린교포, 땟골의 고려인들은 모두 한국이 근대국가를 세우기 이전에 '타국' 땅으로 강제 이주한 공통점을 가지고 있다. 그러나 땟골의 고려인들의 이주과정은 몇 세대에 걸친 복잡성을 보여준다. 이들은 구소련 내에서도 이루어졌던 강제이주, CIS의 소수민족에 대한 차별 등을 경험하면서, 현지의 이슬람 문화 및 지역언어에 통합되기 보다는 고려인으로서 살아갈 것을 선택하였고, 한국으로의 이주는 그들이 할 수 있는 최선의 선택이었다.

땟골마을은 주로 공장 노동에 종사하는 고려인과 그들의 자녀들이 정착한 한국의 새로운 '고향'이 되고 있다. 땟골의 고려인들은 한국사회에의 정착과 동화를 삶의 목표로 삼고 있다. 퇴근 후 지친 몸을 이끌고 한글 공부를 하기 위해 야학에 모여들고, 동료들과의 교류를 위해 휴일을 이용하여 체육활동을 한다. 2년 전부터 시작된 지역공동체의 마을만들기 사업에 주체로 참여하는 것을 계기로 집주인을 비롯한 한국인 주민들과 갈등을 줄여나가는 등 지역 사회의 일원으로 동화되기 위해 적극적인 모습을 보이고 있다. 또한 '가족'과 '조국'에 대한 애착 또한 높은 것으로 나타났다. 가족초청을 통해 입국한 10대 청소년들(중도입국 자녀)의 수도 점차 증가하고 있고, 가끔씩 마주치게 되는 북한이탈주민(새터민)들에 대해서도 우호적인 태도를 보이며, 한국사회에 바라는 것이 있느냐는 질문에 '통일'이라고 답한다. 개인화 경향이 점차 강화되고 있는 이주민들과 구별되는 지점이다. 땟골의 고려인들은 공부 잘 하는 '까레이쯔'에서 일 잘하는 '고려인'으로 살기를 선택한 사람들이다. 땟골의 작은 골목들은 고려인들의 고향이자 새로운 경험들이 오고가는 문화적 장소가 되고 있다.

참고문헌

고가영, 2008. "우랄지역 원로 고려인들의 생애사 연구", 『역사문화연구』 제 30집: 51-86.

김경학(2014), "중앙아시아 고려인의 한국 이주와 정착: 광주 '고려인마을'을 중심으로", 『국제지역연구』, 17(4): 259-282.

김재기(2014), "광주광역시 광산구 지역 귀환 고려인의 이주배경과 특성", 『재외한인연구』, 32:139-163 외.

김호준, 2013. 『유라시아 고려인: 디아스포라의 아픈 역사 150년』, 주류성.

법무부 출입국통계연보, 2007, 2014.

(사)인문사회연구소, 2013. 『뜨락또르와 까츄사들: 우즈베키스탄 고려인』, 코뮤니타스.

성동기, 2001. "우즈베크 다민족 정책과 민족주의: 현재의 시대적 상황에 따른 고려인의 위상 재조명", 『재외한인연구』, 11:99-129.

성동기, 2009. "중앙아시아 고려인 이주의 새로운 유형과 연구과제-우즈베키스탄과 카자흐스탄을 중심으로". 『한민족문화연구』, 8:59-80.

성동기, 2012. "체제전환기에 나타는 우즈베키스탄 고려인 독립세대의 정체성 문제와 대응방안 고찰-국가정체성과 민족정체성 확립을 위한 교육정책을 중심으로", 『역사교육』 121: 191-219.

엄안토니나・이병조, 2010. "마사르칸트에서 살아온 소비에트 고려인의 다문화적인 삶의 이야기", 『재외한인연구』, 22:7-55

이채문, 2014. "아랄해의 환경문제와 고려인의 이주・정착 및 지역성 변화" 우즈베키스탄 카라칼팍스탄 공화국의 사례를 중심으로", 『한국동북아논총』, 70:197-221.

임영상・박마야, 2010. "타슈켄트의 신코리아타운 <시온고> 고려인 마을과 한국문화", 『글로벌문화콘텐츠』, 5:41-86.

장준희, 2012. "우즈베키스탄 한인의 전통명절과 공동묘지의 에스니시티", 『비교민속학』 49: 151-193.

재외동포재단, 2014. 『국내거주 고려인동포 실태조사』, 2014 재외동포재단조사연구용역보고서 5.

전형권·Yulia Kim, 2006. "우즈베키스탄의 민족정책과 고려인 디아스포라 정체성; 고려인 설문조사 분석을 중심으로", 『슬라브학보』, 21(2): 351-380.

한명숙(2005)의 『사할린동포 영주귀국과 정착지원방안 모색을 위한 정책자료집 : 광복 60주년, 사할린동포의 희망찾기』

고려인 너머 홈페이지 http://www.jamir.or.kr/

안산시 단원구 선부2동 주민센터 홈페이지
http://danwon-gu.iansan.net/dongoffice/23_dong/00_main/main.jsp

안산시 통계 홈페이지 https://stat.iansan.net

한양대글로벌다문화연구원 홈페이지 http://multiculture.hanyang.ac.kr

법제도의 '부정합'과
지역 여성노동자들:
인천 S병원 노조의 '의료 공공성' 확보 투쟁의 사례[36)]

이재성

1. 서론: 정리해고 법제화, 국민건강보호법 시행령, 비정 규직 보호법의 교차지점으로서의 병원식당

노동의 문제는 제조업뿐만 아니라 문화, 보건, 교육 등 모든 영역
에 걸쳐 있다. 따라서 노동자의 고용 문제는 경제적 차원에서만 다
뤄질 수 없고, 각 영역의 노동자들이 처한 고유한 시공간의 특성을
고려하여 다뤄져야만 한다. 이 연구는 IMF 경제위기 이후의 고용안
정 문제를 중심으로 한 병원의 식당 여성노동자들이 어떤 상황에 처
하게 되었는지를 분석한다. 인천 S병원의 정리해고 반대투쟁 사례는
지금까지 학계에 보고된 적이 없지만 노동운동 내 젠더의 문제에 중
요한 시사점을 주고 있다. 또한 '병원 식당 여성노동자'들의 투쟁은
경상남도 진주의료원 사태 등과 맞물려 있어서 '의료 공공성'이라는
사회적 가치와도 매우 밀접히 연관되어 있는 사례이다. 병원 식당
노동자들의 투쟁에서 제기되는 '밥'의 문제, 즉 환자와 의료진의 영

---

38) 이 글은 김혜영(서울대 대학원 박사과정 수료) 씨와 공동 작업 중에 작성된 1차 결과물이다. 현
재 인천 S병원 노동조합사는 '참여형 웹 아카이브'로 구축하는 과정에 있다. 이 글은 지역의 노
동조합사를 '로컬' 수준에서 연구하여 '전국' 수준의 연구와 차별적인 지역노동운동 연구를 시
도하기 위한 노력의 일환이다. 참여형 웹 아카이브 역시 '지역 노동자들의 자기 역사쓰기'라는
취지를 살려나가는 방향으로 만들어가고 있다.

양과 건강에 대한 문제제기는 일반 기업체와 공장 내 노동자들의 건강권과 행복권 등 '삶의 질'과 고전적인 '노동의 인간화' 문제와 분리될 수 없을 것이다.

인천시 소재 S병원에서 전개된 병원식당 영양과 정리해고 반대 투쟁과정과 그 이후의 노동현장을 들여다봄으로써, 질병치료에 있어 필수적인 환자식을 만들어내는 병원식당의 고용형태가 안정적으로 유지되어야만 하는 이유를 찾아보고자 한다. 또한 이 사례에서 보여지는 '법제도의 부정합'은 고용안정성 확보에 직접적으로 관련이 없는 2006년 6월의 국민건강보험법과, 고용안정성 확보를 위해 제정된 2007년 7월의 비정규직보호법이 실제 노동현장에서 고용형태의 불안정성을 야기하고 있음을 드러내고자 한다. S병원 식당은 1998년의 정리해고 법제화, 2006년의 건강보험법 개정, 2007년의 비정규직 보호법안의 여파가 그대로 관철된 공간이라 할 수 있다. 또한 정부정책의 변화가 실제 노동조건을 어떤 방식으로 영향을 주게 되는지, 그 과정에서 온전하게 노출되어 있는 식당 여성 노동자의 삶을 여과 없이 보여주고 있다고 할 수 있다.

S병원지부 노조는 전국 150개 병원 4만 명의 조합원을 가지고 있는 전국민주노동조합연맹 산하 보건의료산업노동조합 소속 지부로서 정리해고 2005년 투쟁이전 조합원은 총 232명(노조가입 대상은 430명)이었으며, 2007년에는 조합원은 60여명으로 급격하게 감소하였다. 2015년 현재 전임자 한 명과 조합원 10여 명으로 최소한의 규모만 유지하고 있다. 이 글은 S종합병원의 정규직 직원 및 비정규직 직원에 대한 심층면접 방식을 통해 자료를 구축하였으며, 원자료인 녹취문에 가공을 하지 않고, 가급적 그들의 언어를 있는 그대로 재

현하고자 한다. 또한, 2005년 당시 정리해고 반대투쟁이라는 특정한 사건을 다루고 있기 때문에, 논의를 원활하게 하기 위하여, 노조에서 제작한 2권의 투쟁보고서를 최대한 활용하여 재구성하고자 한다 (구술자들에 대한 간략한 정보는 부록 참조).

2010년 지방선거나 2012년 대통령선거 등에서 '복지' 이슈는 논쟁의 중심에 있었다. '무상보육' 논쟁이나 '무상급식' 논쟁과 같은 수준에서 다뤄지지는 않았으나 '의료' 부문도 복지정책 안에서 무시할 수 없는 비중을 차지한다. 최근 보건복지부가 경남도(홍준표 도지사)의 '진주의료원 용도변경' 신청을 승인해 주면서 이에 항의하면서 김용익 의원(새정치민주연합)이 일주일간 단식농성을 하는 등 큰 파장을 낳았다. 홍준표 경남도시자는 18대 대통령 취임식 다음날인 2013년 2월 26일에 갑작스럽게 진주의료원 폐업 방침을 발표하면서 '의료산업 민영화와 의료 공공성' 논쟁의 뜨거운 쟁점을 불러왔다. 모든 복지 이슈가 그렇듯이 의료 부문에서도 효율성과 공공성 사이에서 갈등이 첨예하다.

이 글은 복지나 의료 정책에 있어서 효율성과 공공성은 양자택일의 가치가 아니라 적절한 조화와 조율, 합의와 협력, 신뢰와 노력의 문제라는 입장을 견지하고 있다. 그러나 현실적으로 '공공성'은 주로 노동조합이 견지하는 가치이고, '효율성'의 추구는 불가피하게 노동자들에게 상당한 피해를 불러오기 때문에 의료 공공성의 문제와 노동조합의 관계를 함께 논의하는 것이 중요하다. 특히 노동조합이라고 해서 모두 '공공성의 화신'인 것은 아니기 때문에, 노조 측에서 스스로를 돌아보고 사회적 합의를 성공적으로 이끌어 내기 위해서 지난 역사적 과정을 되짚어 볼 필요가 있다. 이 사례를 통해서

'지역' 또는 미시 행위공간으로서의 '로컬'(local) 수준에서의 공공성 및 고용안정 논의가 어떻게 재구성되어야 하는지에 대해 문제를 제기해 보고자 한다.

2. 인천 S병원 영양과 정리해고 반대투쟁의 전개

인천시 소재 S병원은 2005년에 해고회피노력은 하지 않은 채, 경영악화를 명분으로 하여 15-20년 넘게 병원식당에 근무해온 정규직 직원 30명을 외주용역으로 전환할 것이라 통보하였다. 사실상의 정리해고를 의미하는 것이었다. 이것은 분명 1998년 정리해고 법제화의 유산이며, 1998년 울산 현대자동차 식당 여성노동자들에 대한 정리해고의 재현이었다.

1997년 12월에 IMF 위기를 맞은 한국 노동계는 노사정 합의를 통해서 노동시장 유연화 정책에 합의를 해 주었다. IMF 사태 직후 '총파업' 국면과 1998년 울산 현대자동차 노동조합의 '여성 식당노동자 144명 해고 합의' 사건은 여전히 우리 사회의 중요한 단면을 보여주는 사례이다. 당시 8,819명 정리해고 발표(4월 23일), 4,830명에 대한 정리해고 신고서 제출(6월 29일), 그리고 최종적으로 8월 24일에 식당 노동자를 포함하여 총 227명에 대한 정리해고에 노동조합의 합의를 받아내기까지의 과정에서, 노동조합은 '여성 노동자들을 희생의 대상으로 삼았다'는 따가운 비난을 피하지 못했다.[39]

---

39) 이와 관련하여 김현미는 다음을 덧붙인다. "특히 기혼이라는 조건 자체가 여성 노동자 개인의 능력과는 무관하게, 여성 노동력의 '가치'와 노동 '영역'을 결정하는 역할을 해왔다. 즉, 기혼

1998년 현대자동차 노조의 정리해고 반대투쟁에 대한 연구는 몇 가지가 있다(조형제 1999, 조효래 2000, 주무현 2002, 이병훈 2004 등). 그러나 남성 노동자들과 함께 싸우며 '투쟁의 꽃'으로 불리던 식당 여성 노동자들이 일방적으로 정리해고 대상으로 결정되어 '대타협의 희생양'이 되는 과정과, 그 후 여성 노동자들의 복직투쟁 및 노동조합과의 투쟁, 나아가 2001년 <밥·꽃·양> 검열 사건에 대한 연구는 아직 발견되지 않고 있다. 또한 이 글의 중심 내용인 인천 S병원 노조와 인천지역 노동계의 연대투쟁에 대한 연구는 전혀 없다. 이 글에서는 소위 <밥·꽃·양> 사건에 견주어 볼 수 있는 인천시 S병원의 (현대자동차 사례에서처럼 보통 '식당 아줌마'라고 불리는) 영양과 여성노동자들에 대한 정리해고와 그에 대한 노조 및 지역차원의 연대투쟁 과정에 대해 분석한다.

1) 87년 S종합병원 노동조합 창립과 영양과 조합원의 적극성

S종합병원 노조는 1987년 '6월 항쟁'과 7월부터 9월까지 진행되던 노동자대투쟁의 와중에 창립되었다. 노조창립과정에 대한 진술은 나중에 병원 측 관리자인 수녀의 지시로, 영양과 내에 비조합원을 늘리는데 참여할 수밖에 없었던 반장보직을 가지고 있었던 한 구술자를 통해 증언되었다.

여성들은 비공식영역의 노동과 같은 특정 범주의 노동만을 수행하도록 강제당하거나 일과 가정을 병행해야한다는 전제 하에 명목상의 '시간제 노동자'로 편입하면서 산업예비군으로 범주화해왔다. 또한 전형적인 여성의 특질을 가정하는 '성적 노동'과 '돌봄의 노동'을 통해, 여성노동을 '주변적'인 범주로 구성해나간다." 김현미·손승영. 2003. "성별화된 시공간적 노동 개념과 한국 여성노동의 유연화". 한국여성학. Vol. 19. No.2. p. 70.

"병원에 처음에 입사를 해서 몇 년을 근무하다가 보니까 사측에서 노동착취를 하고 있었어요. (중략) 그런데다가 다른 데는 보면 여덟(8)시간 근무를 하는데, 우리는 열다섯(15)시간, 열여섯(16)시간 근무를 시켰어요. '이거는 부당하지 않나?' 그렇게 생각하던 찰나에, 우리 몇몇-- 나빼고 몇몇이 부당하다는 얘기가 나왔어요. 그래서 우연치 않게 이런 말들이 오가는 사람들끼리 모이게 됐어요. 모이게 되가지고, "야! 노동조합을 우리도 창립을 하자." 이런 식으로 얘기가 나와 가지고 병원 비밀리에 모이게 되서 병원 노동조합을 창립을 하게 됐어요. 어떻게 보면 저도 창립멤버의 일원으로 들어간다는 거죠. (중략) 너무 간혹 가다 이런 데에 비해서, 월급도 작고 근무 시간은 두(2) 배고, 휴가는 왜 또 안 주는거야- 그래서 자동적으로 불만이 생기더라구요. 그래서 제가 도서관에 가서 책을 사다가 노동법에 대해 보기 시작했어요. 그러다 보니까 이거는 분명히 받아먹을 수 있는 권리인데, 그래서 부당하다고 생각하게 되었어요. 그리고 내가 어머니들을 이해시키려면, 노동법이 뭔지 기본을 알아야 할 것 같아서 그때 돈으로 오천오백(5,500)원인가 한 것 같은데, 비싼 돈이죠. 책을 두(2)권인가 사다가 계속 본 것 같아요. (중략) 조합을 만들어주면[만들게 되면] 우리가 재산상의 큰 손해를 끼치거나 과실이 있지 않은 이상은 우리 못 내쫓는답니다. 거기다가 월급도 올려 줄 거지, 휴가도 줄 거지, 그러니 우리 합시다!" 하니까 어머니들이 호응을 다 해줬어요. 가입원서를 받아내서 거의 다 받았어요. 세(3)분인가 두(2)분인가를 빼고! 제출을 해서 가입원서를 가지고 창립이 가능했어요." (구술자 D)

열악한 노동조건 속에서 자연발생적으로 생겨난 노동조합 설립과정에 병원 내에서 노동조건이 가장 열악했던 영양과 노동자들이 대거 노동조합에 가입하게 됨으로써, 병원은 노동조합 내에서의 영양과의 위상을 깨닫지 않을 수 없었을 것이다. 따라서 2005년 정리해고 반대투쟁이 전개되는 과정에서 보여 지는, 병원 측의 과도한 대응방식은 아마도 이와 같은 역사적 배경을 가지고 있었기 때문인 것으로 생각된다. 이 때문에 당시 창립멤버였던 구술자는 병원 측으로부터 해고의 압력이 심각했었다고 말하고 있다. 또한 반장직 등을 노조 반대자를 앉힌다거나, 관리자인 수녀와 친인척 관계의 사람을 채용하는 방식을 통해서 노조를 견제하고 통제하려 시도하였다.

반장업무는 병원 측의 요구에 따라 비조합원을 늘려가는 일과 더불어, 실제 작업장 내에서 매일 환자식 메뉴에 대한 브리핑이 포함되어 있는 등, 직접적인 업무 지시가 포함되어 있었다. 그렇기 때문에 이를 수행하는 과정에서, 다른 식당 노동자들은 실제 경험했던 작업장 내에서의 불편함과 차별감은 생각보다 깊은 갈등을 형성하고 있었다. 이러한 갈등은 2005년 2월, 영양과 반장에 대한 탄원서 사건으로 불거지게 된다. 영양과 직원 2명이 대표자로 구성되어 새로 부임해온 영양과장 수녀에게 반장문제에 대한 보고를 하게 되고, 이 과정에서 총체적인 문제제기가 이루어지게 된다. 이 문제는 병원장 수녀와 영양과 직원들과의 면담이 이루어지고, 반장업무를 담당하던 구술자가 개인적인 사정을 이유로, 반장업무에 대한 보직 해임서를 작성하는 것으로 일단락된다.

2) 의문의 '저염식' 사건 이후 노동절에 단행된 정리해고

(1) 의문의 사건과 노조 탄합

2005년 노동절인 5월 1일에 이루어진 30명 전원에 대한 정리해고의 발단이 되는 '저염 물김치 사건'이 발생한다. 영양과 반장에 대한 탄원서 사건이 마무리 된지, 이틀 후인 2월 20일, 저염식 환자에게 제공되는 물김치에 누군가가 고의로 다량의 소금을 넣는 일이 생겨나고, 이에 대해 영양과 직원들은 공동의 책임을 지기위해 전원 시말서를 작성하여 제출한다. 그러나 병원장수녀는 3일안에 범인을 잡지 못하면 전원을 해고하겠다고 말한다. 영양과 반장이었던 구술자는 자신에게 혐의가 씌어 지는 것에 대해 우려하며, 경찰조사를 요구하였지만, 병원 측에서는 이를 수용하지 않아, 결국 범인이 누구인지는 밝혀지지 않았다. 문제의 물김치가 저염환자에게 배식되지 않았으며, 이에 대한 영양과 직원들의 사건 해결 노력이 있었음에도 불구하고 병원장 수녀는 이것이 환자들에 대한 살인행위이며, 테러행위, 용서할 수 없는 사건이라고 반복해서 주장한다. 이에 더하여, 시말서는 범죄에 대한 인정을 의미한다면서 이를 근거로 징계차원의 해고를 단행하겠다고 말한다. 결국 4월 30일 용역전환 통보, 5월 1일 정리해고가 진행되었다.

노조를 바라보는 사측의 태도는 무엇보다 5월 1일 정리해고 단행 직후, 병원의 총책임자인 원장수녀의 돌출발언 등에서 가장 극적으로 관찰된다. 당시 원장수녀는 사건을 중재를 통해 해결하고자 하는 인천교구 신부들과 시민단체, 노동부, 노동청, 경찰 등과의 모든 대화를 거부하며, "이 병원에서 내가 순교하는 한이 있더라도 용역은 반드시 지켜낼 것이다"라고 말했다. 뿐만 아니라, 노동부 관계자가 노조와 대화로 풀 것을 권하자, "예수가 마귀와 협상한 바가 없다"고 발언하기도 하였다.[40] 용역전환을 '순교'로, 노조를 '마귀'로 규정하는 이와 같은 종교적 수사(rhetoric)는 원장 수녀의 종교적 신념이 일반인들이 가지고 있는 종교에 대한 관념과는 상당한 차이가 있음을 보여준다. 당시 조합원들은 "직원 팔아넘기는 것이 하느님의

---

40) S종합병원 영양과 용역저지, 정리해고 철회 투쟁 중간보고서. pp. 15-6.

뜻이냐"고 반문하였고, "우리는 사람이다. 솥단지 같은 집기는 팔아 넘길 수 있지만 적어도 사람한테는 '왜 병원이 어려운지, 얼마나 위기상태인지, 직원들이 무엇을 협조해야 하는지' 설명하고 같이 해결해야 하는 것 아닌가. 사람을 솥단지 취급하는 게 가슴이 아프다"고 반문하였다.41) 종교 본연의 윤리가 지켜지지 못하고, 노동자 탄압의 도구와 수사로 활용되는 이런 이율배반적인 상황에 대해 조합원들은 받아들이기 어려웠을 것이다.

(2) 노동절의 정리해고 사태와 132일간의 투쟁

노동절인 5월 1일, 정리해고가 단행되자 노조는 병원 측에 영양과 직원 개별의 명의로 발송된 병원 측의 통보는 근로기준법 제 30조 1항을 전면 위배한 것이기 때문에, 5월 1일 이후로도 평소와 다름없이 정상근무를 할 것임을 통보하게 된다. 이날 병원식당 리모델링을 조건으로 계약한 H용역회사는 영양과 직원 전원에게, 5월 6일 중으로 고용관계 승계에 대하여 특별한 반대 의사표시를 하지 않는 한 업무위수탁계약서에 의해서 계속 근로할 의사가 있는 것으로 간주하고 회사에서 정해진 일정대로 귀하에 대한 인사노무관리 일정을 추진하겠다는 내용의 내용증명을 발송한다.42) 그러나 5월 2일 오후 영양사들이 병원을 그만 나오겠다고 말함에 따라 영양사 없는 상태에서 배식업무가 정상적으로 진행될 수 없는 상황이 발생한다. 그럼에도 정리해고 된 조합원 30명은 병원로비에 마련한 농성장을 중심으로 해서 용역업체 입주를 저지하며 식당을 지키고 급식업무를 6

---

41) "영양과부서 전원 용역전환 '물의'". 매일노동뉴스. 2005년 5월 30일.
42) S종합병원 영양과 용역저지, 정리해고 철회 투쟁 중간보고서. p. 36.

월 17일까지 계속하게 된다. 병원은 H용역회사와 병원식당 리모델링을 조건으로 계약하였기 때문에, 6월 18일 식당 리모델링 공사가 시작되면서 식당은 폐쇄되고, 영양과 해고자들은 식당에서 쫓겨나, 병원 내 선전전(1인 시위, 환자보호자 서명, 선전전, 직원 서명운동 등)과 지역시민선전전 및 서명운동, 병원장수녀가 속해있는 한국순교복자수녀회 수녀원 앞에서 피켓시위 및 농성투쟁을 전개해가게 된다.[43]

투쟁과정에서는 S종합병원의 상급단체인 보건의료노조는 식당 여성노동자들의 생존권문제와 더불어 의료기관의 공공성 문제를 쟁점으로 제기했다. 이는 무엇보다 병원 측이 제시한 해고 사유가 '긴박한 경영상의 이유', 즉 병원 경영수지 악화였기 때문이다. 이에 더하여, 병원은 2002년에서 2004년 7월까지, 4차례에 걸친 고객만족도(CSI)조사결과를 근거로 음식 맛에 대한 만족도, 식단에 대한 만족도에서 매년 보통 이하로 전체 평가 문항에서 최하위의 평가를 받았기 때문에, 급식 관리를 용역에 위탁하기로 단체협약 제 40조[44]에 의거 2005년 2월 28일부로 노조에 통보한다. 그리고 관련 자료로 전국 소재 가톨릭 소속 병원들 14개 병원들이 급식관리 업무 위탁을 맡긴 후, 2004년 의료기관 평가(보건복지부 주관) '영양 및 급식 관리부문'에서 우수등급(A)을 받았음을 첨부하였다. 그러나 노조 측의 자료에 따르면, 2002년까지 적자였던 의료손익은 2003년 5억 5700만원의 흑자, 2004년 9억 3100만원의 흑자를 기록하는 등 병원

---

43) S종합병원 영양과 용역저지, 원직복직 쟁취 2차 투쟁보고서. p. 14-5.

44) S종합병원 단체협약서 제 40조는 용역제한에 관한 조항이다. 내용은 다음과 같다. "1.1. 병원은 정규직원의 업무를 용역으로 전환할 경우 조합과 성실히 협의하여야 하며 조합의 의사를 적극 반영하도록 노력하여야 한다. 2. 병원은 용역 근로자의 근로조건 향상을 위하여 최대한 노력한다."

경영은 호전되어 가고 있었다고 한다. 노조는 단체협약 38조 고용보장 2항45)을 근거로 병원 측의 조치가 정리해고에 대한 합법적인 절차를 밟지 않았다고 반박한다. 또한 병원 측에서 제시한 만족도조사 결과에 대해서, 노조는 음식의 맛과 질이 떨어진다면 그것은 다른 병원은 거의 갖추고 있는 배식전용 엘리베이터와 자동화시설을 갖추고 있지 못하고 있기 때문에 열악한 근로조건의 문제라고 반박한다. 또한 병원 측이 첨부한 다른 병원 외주용역화 성공사례는 사실관계가 어긋난 것이었다. 투쟁당시 보건의료노조 부위원장은 한 인터뷰기사에서, "국민의 생명을 다루는 병원에까지 경영논리가 파고든다면, 의료의 공공성을 담보하기는 어려울 것"이라고 말한다. 또한 "환자들을 치료하고 국민의 건강권을 담보하고 있는 병원이 돈벌이 논리에 맞춰서 구조조정을 하는 것은 대단히 문제가 있는 것이고 국민 건강권 전체의 위협이 되는 대단히 심각한 문제"라 규정하였다.46)

132일에 걸친 투쟁의 결과, 해고된 직원 30명은 인천 지방노동위원회로부터 8월 23일 부당해고 판결 및 원직복직 명령을 받아내게 된다. 이에 따라 병원은 9월 9일 투쟁과정에서 퇴사했거나 정년을 마친 사람들을 제외한 해고자 20명에 대한 복직을 결정하게 된다.47)

---

45) 단체협약 38조 고용보장 2항은 다음과 같다. "긴박한 경영상의 사유로 해고를 하기에 앞서 병원은 경영방침이나 작업방식의 합리화, 신규채용의 금지, 교육훈련 및 재훈련을 통한 다른 부서로의 전환배치, 연장노동시간 제한과 정상노동시간 단축, 일시휴직 및 희망퇴직활용 등 해고를 회피하거나 최소화하기 위한 모든 노력을 기울여야 한다."

46) "병원도 먹고 살아야 vs 생명다루는 일, 공공성 필수". 노컷뉴스. 2005년 5월 26일.
(http://news.naver.com/main/read.nhn?mode=LSD&mid=sec&sid1=102&oid=079&aid=0000038917)

47) 병원 측의 복직결정에는, 5월 1일부터 9월 30일까지 5개월분에 대한 임금 100%를 9월 25일까지 일괄지급할 것과, 9월 9일부터 9월 30일까지 유급특별휴가 및 정년퇴직자 포상 및 명예회복을 비롯해 장기근속자 3명에 대한 포상 및 명예회복 소급 지급을 포함하고 있었으며, 이에 대해 병원은 합의하였다. "S종합병원 영양과 조합원 전원 원직복직 발령". 매일노동뉴스. 2005년 9월 9일.

그러나 복직 이후에도 병원은 중앙노동위원회 재심과 행정소송, 노조 간부와 조합원들에 대한 형사고발과 중징계, 11억 8천만 원에 이르는 손해배상을 청구하는 등, 노조 파괴를 위한 작업을 계속해나간다.

3. 입법 취지와 현실의 괴리: 고용안정과 의료공공성 문제의 연결고리

1) 국민건강보호법 시행령: 환자식대 보험적용(2006년 6월 1일)

복직된 정규직 직원들은 용역업체에서 고용되어 8월 1일자로 배식업무를 시작한 용역직 직원들과 함께 근무를 하게 된다. 병원은 병원식당 리모델링을 조건으로 계약한 용역회사화의 계약을 파기할 수 없었기 때문이기도 하고, 또한 추후 재계약을 하면서 계약관계를 유지해가게 되는 것을 보면, 사측은 정규직 직원들의 복직을 계기로 원만한 노사관계의 구축과 안정적인 고용을 유지할 생각이 없었던 것으로 보인다. 정규직 직원들과 용역직 직원들이 함께 근무를 해가는 시점에서, 정부는 2006년 6월 1일, 국민건강보호법 시행령을 발표하게 된다. 의료보험의 보장성이 OECD 국가들 대비 지나치게 낮다는 문제제기가 있자, 정부는 보장성을 높이기 위하여, 환자식대의 20%만을 환자가 부담하는 정책을 내놓은 것이다. 그러나 최근 언론보도에 따르면, 2007년 11월 21일 건강보험정책심의위원회가 열려, 2008년 1월부터는 식대부담을 현행 20%에서 50%로 다시 올리기로 결정을 보았다.[48] 입원환자 밥값보조에 따른 건강보험 지출이 5000

억 원에 해당하기 때문에, 적자폭의 심화를 조정하기 위해 다시 비율이 재조정된 것이다. 이는 한편으로 우리나라의 의료복지정책이 매우 비체계적인 방식으로 결정되고 진행되고 있음을 보여준다.

외견상 관련성이 없어 보이는 환자식대에 대한 의료보험 적용은 결과적으로 S종합병원 내 영양과에 복직된 정규직, 용역직 외에도 제3의 고용형태로서, 병원 측 소속 비정규직을 만들어내는 역할을 하게 된다. 즉 병원은 의료수가[49]를 높게 책정받기 위해서, 일정한 규모의 조리사와 직원, 영양사를 채용했기 때문이다.[50] 그러나 병원 식당 소속 조리사 및 보조원에 대한 채용과정을 보면 기존 용역직 직원들을 일정한 기준이나 평가 없이 전환하는 매우 파행적인 방법으로 진행된다. 이 과정에서 기존 용역직 직원들과 용역직에서 병원 측 비정규직 직원으로 채용된 여성 노동자들 사이의 심각한 갈등이 발생하게 된다.

> "어느 날 갑자기 다 모이라고 하더라구요. 한얼 지점장이 한달 전에 사(4)월말에 저희 한얼에서 사람이 네(4)명이 짤렸어요. 병원에서 인원이 많으니 줄이라고 했데요. 네(4)명이 짤렸어요. 작년 사

---

48) "생생마당－건강보험 보장성 강화와 재정 안정화 '두마리 토끼 잡기' 더디게 가는 보장성 강화". 내일신문. 2007년 11월 30일, "보건복지제도, 내년에 무엇이 달라지나?". 노컷뉴스. 2007월 12월 17일. (http://www.cbs.co.kr/Nocut/Show.asp?IDX=699193)

49) 건강보험공단과 환자가 의사나 약사 등의 의료서비스 제공자에게 제공하는 돈을 말한다. 의료수가는 환자에게 제공되는 서비스의 정도, 서비스 제공자의 소득, 물가상승률 같은 경제지표 등을 토대로 건강보험정책심의위원회에서 심의하여 결정하게 된다. 건강보험정책심의위원회는 보건복지부 장관 자문 및 의결기구로 정부(8명), 사용자단체(8명), 가입자단체(8명) 대표 등 모두 24명으로 구성돼 있다. 네이버 백과사전 검색.

50) 기본적으로 입원 환자의 식대는 기본식은 20%, 식사의 질을 높이기 위한 가산액의 경우는 50%를 환자가 부담하고 나머지는 국민건강보험공단이 지급한다. 식사를 일반식, 치료식, 멸균식, 분유 등으로 나눠 보험을 적용하되, 일반식과 치료식은 기본식 가격을 낮게 설정하고, 식사 서비스의 질에 영향을 미치는 요소를 고려해 가산금액을 부가한다. 또한 병원식당의 직영여부, 영양사 및 조리사의 수도 의료수가 산정기준에 포함되어 있다. 자세한 사항은 건강보험심사평가원 산정지침을 참고할 수 있다. (http://www.hira.or.kr)

(4)월이요! 재작년인가? 아무튼 그래가지고, 사(4)월인가 네(4)명을 해고하고, 일하는 H 직원이 다 불안했었어요. 자꾸 사람을 자르게 되면 문제가 되니까. 그렇다고 우리가 권리를 내세울 수도 없었고. 마침 병원에서 사람들 모이라고 하더라구요. 강당으로. 모였더니 하는 말이, 자기네들이 의료수가가 있어요. 의료보험 거기에서 밥 값 인제 지금 할인되잖아요? 나는 자세한 거는 모르는데, 저기 뭐야. 그래서 직원이 더 필요하데요. 정식 직원 몇 명, 비정규직 몇 명! 그리고 영양사는 세(3)명! 그래서 보건복지부에 내면 뭔가가 있나보더라구요. 여섯(6)명이 필요하다고, 자기네를 좀 도와줬으면 좋겠다고 해서 얼른 손을 들었지요. 일단 병원 쪽으로 가는 것이 낫겠다 싶어가지고. 그래서 여섯(6)명이 가게 됐는데(…)" (구술자 E)

"원래 비정규직 애들이 원래 한얼에 있던 애들이에요. (중략) 우선 순위로 들은 사람만 병원 비정규직으로 채용을 한거야. 부원장이 부른 거야. 그날 얘네들이 "당신네들이 우리 쪽으로 와서 크게 손실을 메꿔줘서 너무 감사하다. 같이 있으면 좋은 일이 있을 거다." 하고 달래고, 비정규직으로 받아 준거야. (…)그러면 일(1)년 동안 얘네들이 일을 하면서, 용역 한얼에서 손들고 와서 걔네들하고 의 리상하고 얼굴 붉히고 마음고생을 엄청 한 거야." (구술자 C)

결국 2006년 6월, 국민건강보호법 시행령에 의거, 식대 보험적용이 됨에 따라, 의료수가 체제 내에서는 병원 측은 수지타산에 맞는 방식으로 비정규직 직원들을 채용하였다. 그러나 용역직에서 병원 측 비정규직으로 전환된 사실이 그들의 고용안정을 의미하는 것은 아니었다. 오히려 어느 곳에서도 책임지지 않아도 되는 이중의 신분이 됨으로 해서 오히려 고용 불안정을 야기하게 된다.

2) 비정규직 보호법의 시행(2007년 7월 1일)

무수한 논란 끝에 2007년 7월 1일, 비정규직 보호법이 발효됨에 따라 비정규직 직원을 2년 이상 고용할 경우 정규직으로 전환하도록 되었다. 그러나 이와 같은 고용안정을 위한 조치가 실제 S종합병원 병원식당에서는 고용 불안정의 원인이 되었다. 비정규직을 보호하기 위한 법이 실제, 비정규직을 실업상태로 내모는 상황을 만들어낸 것이다.

[용역에서 비정규직으로 전환된 후] "그런데 일(1)년이 지나서 비정규직 보호법이 시행이 됐어. 시행이 됐는데, 얘네들을 끌어 안아야 되는 거잖아. 발령을 줘야 하는 거잖아? 똑같은 일을 하니까. 그러니까 다시 한얼로 가라! 그러니까 이렇게 된 거지. 조리사 의료수가가 끼당 오백(500)원이야. 끼당 오백(500)원인데, 그것도 만만치 않지! 삼백오십(350)명에서 사백(400)명을 끼당 오백(500)명씩 더 받는다고 생각을 해봐! 많은 돈이거든? 그렇게 받아먹다가, 차별시정이 딱 되니까, 얘네들을 끌어안으면 우리 페이가 너무 쎈 거야. 병원 쪽에. 애들 대학교 학자금까지 다 줘야 하는 거잖아. 그러니까 얘네들 다시 모아놓고, 이○○[병원 노무관리자]이가 "니네들 한얼로 가라." 그런 거야. 그러면 일(1)년 동안 얘네들이 일을 하면서, 용역 한얼에서 손들고 와서 걔네들하고 의리 상하고 얼굴 붉히고 마음 고생을 엄청한 거야. 그런데 "이제 한얼로 가라." 그러면 어떻게 가냐 이거야. 쪽팔려서 못 간다. 이거야. 언제는 손들어서 병원식구, 비정규직이라고 하구선. 꿈을 안고 간 애들을 하루아침에 의료수가 수지타산이 안 맞으니까 "가라." 쪽팔려서 못 간다 이거야." (구술자 C)

이는 병원이 영양과 직원 고용을 대상으로 국민건강보호법과 비정규직보호법이 의도했던 정책효과와 달리, 완전하게 반노동적인 고용정책을 수행하고 있음을 보여준다. 그러나 만약 병원이 높은 의료수가를 책정받기위해, 일관적이지 못한 고용정책을 취한다면, 이는 전적으로 병원식당 업무가 가진 특성을 완전하게 망각한 것이 될 것이다. 병원식당에서 치료 목적의 환자식을 만드는 일을 언제든지 대체가능한 노동으로 규정한다면, 환자 식사의 질이 떨어질 수밖에 없음은 자명하며, 이는 환자 생명과 직결된 질병치료를 방해할 것이다. 이것은 2005년 병원식당 외주 용역화 과정에서 여실히 드러났다. 구술자는 지금 현재 병원 측에서 노조를 상대로 제기한 11억 8천 만원에 대한 손해배상을 청구하는 과정을 이야기하며, 용역전환 당시 병원 환자식 배식이 얼마나 파행적으로 운영이 됐는지를 증언하고 있다.

> 구술자C: [회사 측은] 우리가 데모를 해서 환자가 줄었데--. [사실은] 그 당시에 도시락을 줘서 환자가 줄은 거야. 도시락을 주니까--. 나도 집회를 가서 도시락을 먹어 보잖아. 고대 같은데 가면 몇 일씩 먹잖아. 세끼이상 먹으면 못 먹어. 나도. 그런데 하물며 환자가 도시락을 세끼씩 어떻게 먹느냐고. 따끈따끈하게 국 끓여가도 국이 어쨌니 저쨌니 시끄러운데, 그래서 환자가 엄청 떨어졌어요. 예민한데다가 우리가 밥을 해도 머리카락도 나오고, 돌도 나오지만, 도시락에서 머리카락, 돌 하나 나오면 뒤집어 지는 거지.
> 면담자: 도시락이 얼마나 나갔어요?
> 구술자: 몇 달 정도 나갔지. 두어 달! 두어 달 가까이. (중략) 우리가 했으면 우리는 인제 능수능란하게 일을 하는 사람이고, 경험자들인데, 우리가 했으면 말이 틀려졌을 거야. (중략) 엉망진창이었어. 첫날은 우리 내쫓아서 복도에다 두고. 뭐-- 옛날에 정년퇴직, H용역회사에서 조리사로 정년퇴직한 할머니 있지? 칠십(70)먹은 할머니를 비행기로 수송을 해오지 않나. 굉장했었어! 할머니들이 와서 막 치료식을 하더라니까? (구술자 C)

그러나 병원 측은 비정규직 보호법이 시행됨에 따라, 임금 압박에 대한 우려로 비정규직 직원들을 용역으로 다시 전환하려하고 있다. 이 과정에서는 병원 측과 용역회사측이 고용에 대한 그 어떤 책임도 지지 않고, 그저 자신들의 이해관계에 맞는 방식의 방침만을 가지고 있음이 잘 드러난다.

"일단 병원 쪽으로 가는 것이 낫겠다 싶어가지고. 그래서 여섯(6)명이 가게 됐는데, 얘네들이 이번에 법이 바뀌었잖아요. 비정규직법이 바뀌면서 우리가 필요가 없는 거에요. 우리를 이(2)년 이상 쓰게 되면 정규직을 시켜줘야 되니까. 우리를 해고! 우리보고 한얼로 다시 가라 이거에요. 그래서 나는 그만두더라고 내가 한번 싸움을 해서 안되면, 떨어지면 그만이지, 일단은 해볼때까지 해보자! 여섯(6)명이 통해서 갈 때까지 가보자. (중략) 그래서 우리는 못 간다 해서 그래서 같이 마찰이 생겼어요. 그런데 그 사람들이 그러더라고. 니네 분명히 손 들은 날, "H용역회사로 다시 갈 수도 있다." 자기네가 분명히 했다고 말했어요. 그건 맞아요. 이쪽에서 만약에 필요 없을 때는 다시 H 용역회사로 갈수도 있다. 그런데 만약에 한얼에서 안받아주면 어떡하냐고 질문을 했더니, H 용역회사 지점장이 "걱정하지 마라. 무슨 일이 있으면 자기네가 데리고 가겠다." 이렇게 해서, 거기서 여러 사람 있는 데서 얘기를 했는데, 이번에 일 생기면서 마음이 격해지니까 한마디로 우리가 오리발을 내 밀은 거지. "우리가 그런 말 들은 말 없다." (중략) 그러면 "해고아니냐? 우리가 쓸 수가 없다. 한얼로 가라고 할 것 같으면, H 용역회사에서, 병원쪽에서 보장을 해줘라. 한얼도 병원에서 필요없다고 하면 나가라고하면 나가야 하는 회사인데, 우리는 여기를 평생직장이라고 생각하고 있다. 그러니 각서를 써줘라." 못한다고 그러더라구요." (구술자 E)

이상의 구술자의 증언을 보면, 비정규직 보호법의 근거를 따라 만 2년이 되면, 정규직으로 전환되는 것이 아니라, 오히려 만 2년이 되면 해고가 되는 상황이 벌어질 것이 분명했다. 따라서 비정규직 7명 (이후 1명이 더 비정규직으로 전환채용)의 2008년 5월 용역직 전환에 대한 반대투쟁이 전개되었다. 그러나 사측은 노조원들에 대해서 강도 높은 노조 탈퇴 압력을 행사하였고 2006년 한 해에 133명이 노동조합을 탈퇴하여 2008년에는 51명으로 위축되었다. 이 추세가 그대로 이어져 2009년 32명이 되었다가 2014년 현재 11명의 조합원만이 노동조합을 지키고 있다. 사측은 일방적으로 단협을 해지하였고, 1987년 이후 획득한 단체교섭의 모든 성과는 사라졌다. 2005년 영양과 정리해고 투쟁의 기적 같은 연대와 승리에도 불구하고 노동조합은 위기에 처해 있다.

4. 결론: 법제도의 부정합 해결을 위한 '로컬' 수준의 논의 필요성

1998년 정리해고 법제화 이후 2005년 가시화된 해고, 그로인해 생겨난 복직된 정규직 노동자와 용역직 노동자가 한 병원식당 안에 동일한 업무를 수행하게 되었다. 그러나 2006년 국민건강보호법에 따른 비정규직이 생겨났고, S병원 안에는 정규직, 용역직, 비정규직, 이렇게 세 그룹의 여성 노동자들이 한 식당에서 조리 전처리과정, 조리과정, 배식, 설거지 및 그릇 삶기로 이어지는 업무를 하게 된다. 그러나 2007년 7월 1일자로 '비정규직보호법안'이 통과하게 된다. 이에 직군분리를 통한 차별금지 조항 때문에 용역직은 전처리과정을, 정규직은 조리만을, 비정규직은 병동을 돌며 배식만을 하게 된다. 결국, S병원 식당은 1998년의 정리해고 법제화, 2006년의 건강보험법 개정, 2007년의 '비정규직보호법안'의 여파가 그대로 관철된 공간이라 할 수 있다. 또한 정부정책의 변화가 실제 노동조건을 어떤 방식으로 영향을 주게 되는지, 그 과정에서 온전하게 노출되어 있는 식당 여성 노동자의 삶을 여과 없이 보여주고 있다고 할 수 있다.

1998년 정리해고 법제화	2006년 건강보험 시행령	2007년 비정규직 보호법
↓	↓	↓
● 2005년 5월 병원 영양과 외주전환 → 30명 정리해고 ● 2005년 9월 지노위 판정으로 전원복직 사측인 병원은 용역회사와 계 약한 부분이 있었기 때문에, 병원 식당내에서는 정규직과 용역직이 함께 근무를 하게 됨.	● 2006년 6월 의료수가 책정문제로 용역직 7명의 비정규직화 ● 2006년 6월 복직된 기존 정규직과 계약되어있던 용역직, 건강보험 시행령으로 비정규직 추가됨	● 2007년 7월 차별금지 조항으로 인해, 정규직/용역직/비정규직 직군분리됨

그러나 S병원 식당은 2005년부터 정부의 굵직굵직한 정책들이 거대하지만, 그 효과에 있어서는 미세한 궤적을 남긴 공간으로 보인다. 앞서 설명한 바와 같이 1998년의 정리해고 법제화는 2005년도 외주 용역화를 가능하게 했다. 병원은 경영상의 이익을 위해서라면 치료를 위한 환자식이라 하더라도 언제든지 외주 용역을 줄 수 있다는 태도를 보여주었다. 병원 측이 환자식을 어떤 방식으로 받아들이고 있는 가에 대해서는, 환자식에 보험적용이 실시된 이후에 다시 한번 재현된다. 즉 병원 측은 의료수가를 많이 책정받기 위하여 용역직 직원을 비정규직 직원으로 전환하였으면서도, 이들에 대해서는 현재까지 고용계약서를 작성하지 않는다거나 부당한 징계처분을 내리는 등 모순적인 태도를 보이고 있다. 비정규직 보호법안의 통과는 또한 실제 비정규직을 보호하기는커녕, 2년이 되기 전에 비정규직 직원들을 해고하는 방식으로 이용되고 있다. 사실상 더 강화된 노동 유연화를 의미할 뿐이다. 또한 직군분리와 고용형태의 잦은 변화로 인해, 실제 사측에 대한 저항감이나 반발심이 생겨나기보다는, 여성

노동자들은 미묘한 이해관계들이 충돌하고 있었다.

　결국 지금까지의 논의를 종합해보면, 의료기관이 무엇을 지향해야하는지는 분명해진다. 의료 기관은 단순히 영업상의 큰 이익을 내는 기업으로서가 아니라, 본래의 의무인 환자의 질병의 치료를 최우선으로 두는 공공성을 담보한 공간으로 남아있어야 한다. 의료기관의 민영화가 심화될수록, 환자에게 양질의 서비스가 제공될 것이라는 병원 측의 기대와는 달리 오히려 질병의 치료를 방해하게 될 것이다. 병원경영상의 손실을 보완하기 위해 병원식당을 외주용역화하고, 의료수가를 많이 책정 받는 것에만 집중하여 실제 환자식을 만드는 노동자들의 고용을 불안하게 만드는 것은 문제가 되지 않는다고 생각하는 것은 매우 위험하다.

　미국은 1970년대에 이미 상원 내에 특별영양위원회를 설치하고, 식품과 영양, 즉 식생활이 건강에 미치는 영향에 관한 광범위한 조사에 착수하였다. 이는 의학이 생명단위인 세포 내의 영양대사에 대해 무지하고, 이에 따라 영양학적 치료의 의미를 간과하였다는 문제제기에서 시작되었다. 이에 영양을 고려한 의학적 치료에 관심을 갖게 되었다.

　　"영양을 무시한 의학이란, 생각하면 참으로 기묘한 의학이다. 왜냐하면 매일 같이 먹고 있는 음식물에 함유된 영양소가 신체를 구성하며 생명활동을 영위하는 것이지, 음식물 외에 신체를 구성하거나 운영하는 것은 아무 것도 없기 때문이다. (…) 이상하게도 병에 대한 20세기의 사고방식은 마치 원시적인 부두교도들의 생각과 비슷하다. 다만 차이점이 있다면, 그것은 부두교도들이 말하는 '악령'이 오늘날엔 '세균·박테리아·바이러스'로 둔갑되어 운이 나쁜 인간을 습격한다는 점뿐이다."[51]

평생을 통해 2,509회(물론, 약국방문을 포함하고 있지만), 7,734만 원을 지출하게 되는 병원에서 만약 언제나 대체가능한 인력을 동원하여, 가장 싼 식자재로 환자식을 만들어준다고 한다면 절반의 치료만이 이루어지게 되는 일일 것이다. 병의 치료는 단순히 약물과 전문의의 숙련된 시술에 전적으로 의존되어 있는 것이 아니기 때문에, 영양학적 치료 개념이 도입될 필요가 있다. 병원 의료 공공성의 확보는 기업윤리차원에서의 도덕적 요구형태가 아닌, 실제 환자식을 만드는 노동자들의 고용안정으로부터 출발한다는 것을 인식할 필요가 있다.

* 구술자 정보

구분	A	B	C	D	E	F
나이	1952년 출생	1957년 출생	1958년 출생	1958년 출생	1970년 출생	1967년 출생
교육정도	초 중퇴	고졸	초졸	전문대 중퇴	고졸	고졸
결혼및 가족	남편, 1남1녀	남편, 1남1녀	남편, 1남1녀	남편, 1녀	남편, 1녀	남편(?)
동거가족	+시어머니	남편사망, 1남	남편	남편	남편, 1녀	(?)
종교여부	과거 기독교	-	과거 천주교	과거 기독천주교	-	-
부모직업	농사	농사	농사	부-방적공장운영 모-주부	부-고물상 모-주부	부-일찍 사망 모-농사
현재업무	정규직	정규직	정규직	정규직	비정규직	비정규직
입직과정	직업소개소	성당 주보	성당 주보	지인 소개	지역 정보지	지역 정보지
주요직업 경력	식당, 김밥장사	쥬단학, 대한통운 경리	장갑 공장	신동아건설 하청기업, 한신증권 사무직	의류점, 횟집 운영	하수도관 생산업체 경리

---

51) 미국상원영양문제특별위원회. 2003. 원태진 편역. 『미국 상원 영양문제 보고서: 잘못된 식생활이 성인병을 만든다』. 형성사. pp. 9-13.

태어난 곳	전라남도 영광	강원도 정선	경상남도 함양	충청남도 당진	강원도	전라남도 장성
자료형태	녹취, 메모	녹취, 메모	녹취, 메모	녹취, 메모	녹취, 메모	녹취, 메모
비 고	구술생애	구술생애	심층면접	구술생애	구술생애	구술생애
자료활용	X	X	○	○	○	X
범 례	* (?)는 구술자가 대답을 회피하여 알 수 없는 정보를 의미한다.					

참고문헌

김경희. 1996. "산업구조조정과 여성고용불안정: 의류, 신발, 전자업을 중심으로". 『여성과 사회』. 한국여성연구.

다이앤 엘슨. 1992(1998). 김숙경 역. "구조조정에서 남성편향". 『발전주의비판에서 신자유주의 비판으로: 페미니즘의 시각』. 공감.

박승옥. 2004. "한국 노동운동, 종말인가 재생인가?". 당대비평(가을호).

박태주. 2001. "여성과 노조민주주의". 『노동사회』. 4월(53호)

오진아. 2002. "'운동'이 '민중'에 입힌 아픈 상처의 기록". 『월간 말』.

이병훈. 2004. "구조조정기 노사분쟁의 사례비교연구: 현대자동차와 발전회사의 분규를 중심으로". 『노동경제논집』. 한국노동경제학회.

이원보. 2004. 『한국노동운동사5: 경제개발기의 노동운동』. 마당.

임인애. 2002. "노조식당 너희 거 아니야. 우리가 투쟁으로 만든 거야: 최종희 노조식당 운영위원장 인터뷰". 『아웃사이더』. 제8호

조운 스콧. 1989(2001). "젠더와 정치에 대한 몇 가지 성찰". 『여성과 사회』. 한국여성연구소.

조형제. 1999. "현대자동차의 고용조정: '기업내 노사관계'를 중심으로". 『산업노동연구』. 한국산업노동학회.

조효래. 2000. "기업별 노동조합의 내부정치: H 자동차 노조의 현장조직들을 중심으로". 『산업노동연구』. 한국산업노동학회.

주무현. 2002. "경제위기, 구조조정과 노사관계: 경제위기 이후 기업별 내부 노동시장의 구조 변화:현대자동차의 사례". 『산업노동연구』. 한국산업노동학회.

CHAPTER

4

문화운동과 지역성:

두리반 이후 인디음악
씬(scene)의 전개를 중심으로

박주현

1. 서론: 2010년대 문화운동에 대한 주목

4대강 집회, 용산 투쟁, 두리반, 서울대 본부스탁, 명동 카페 마리 재개발, 한진 중공업 사태 등은 예술과 사회의 교차점에 대한 여러 논의 중 예술인들의 활동과 문화운동의 가능성에 대해 생각해보게 한다. 이 논문에서는 2010년부터 2011년에 걸쳐 강제 철거 반대와 협상의 성공적인 사례로 꼽아지는 '두리반' 이후의 예술 활동의 모습을 인디 밴드를 중심으로 살펴보고자 한다. 본 연구는 인디 밴드들의 움직임을 단순히 예술인의 사회 참여라는 프레임으로 접근하기보다는 '태도로서의 인디'가 어떻게 문화운동으로 이어질 수 있는지 지역성을 바탕으로 분석하는 것을 목표로 한다. 더 나아가 이러한 문화운동에 대한 분석이 후기 근대 사회에서 이어지고 있는 신사회운동과 취미와 기호를 중심으로 하는 자발적 공동체의 가능성에 대한 이론적, 경험적 논의로 이어지기를 기대한다.

이 논문에서는 먼저 1980년대 문화운동과 비교를 통해 2010년대 문화운동의 양상을 인디 음악을 중심으로 분석한다. 과거에 사회경제적 운동에 종속되어있던 문화가, 문화 그 자체의 자율성을 갖고 놀이의 형태를 띠고 있음을 살펴볼 것이다. 이 때 예술활동은 '(군사

독재, 자본주의, 제국주의 등)~에 대한 저항'이 아니라 '~로의 추구'로 새로운 삶/사회의 형태를 만들어내는 '태도로서의 인디'의 모습을 보여준다. 특히 두리반 이후 인디 음악가들의 공동체와 활동은 부정성과 저항성이 중심이 되기보다는 자신들이 원하는 자립을 추구하되 방해물에 대한 저항이 유기적이고 느슨한 형태의 연대로 나타난다. 이를 태도로서의 문화운동 또는 문화적 하부정치라고 보고, 이러한 형태의 문화적 하부정치가 지역성을 중심으로 어떻게 발현되는지 살펴본다. 더불어 문화운동이 지역에서 사회경제적 권력의 핵심과 관계를 맺으며 지속적인 영향력을 가질 수 있는가를 분석하려한다.

사회운동과 문화의 관계는 다양한 방식으로 다뤄져 왔으며, 둘의 관계를 어떠한 관점에서 어떻게 정의할 것인지 명확히 할 필요가 있다. 예술가들이 자신들의 재능을 이용해 사회 정의와 변화를 위해 사회 운동에 참여한다는 분석, 또는 예술작품 내부의 정치적인 내용에 대한 분석, 모든 예술은 그 자체로 사회 운동과 특성을 공유하며 새로운 이데올로기와 조직을 만들어내는 집합적인 운동이라는 분석, 사회 운동이 현존하는 문화적 코드들을 뒤엎는 이미지를 공개적으로 만들어낸다는 분석 등이 그동안 이뤄졌다.[52] 또한 언론에서는 문화와 사회의 관계보다는 흥미와 인물 위주로 사건이 소개되고 다뤄지는 경향이 있다. 본 연구에서는 예술(인)의 정치 참여나 예술 그 자체의 정치적 역할, 사회 운동의 재코드화 등의 관점에서 벗어나 특정 지역을 중심으로 하는 예술인들의 문화 활동이 어떻게 하부정

---

52) William G. Roy, How Social Movements Do Culture, International Journal of Politics, Culture and Society, Springer Vol. 23 No. 2-3, 2010, pp.85-98.

치의 가능성을 가지는지 살펴본다.

2. 문화운동의 양상

먼저 예술인들의 모임이 극대화를 이룬 두리반 사건을 중심으로 사회 문제에 참여한 2010년대 인디 밴드들의 모습과 과거 1980, 90년대 음악운동을 비교해보도록 하겠다. 시대별 모습의 비교는 2010년대 인디 밴드들의 특징을 보다 명확히 드러낼 수 있을 것이다. 1980년대의 음악운동에서 주를 이루는 것은 1980년 광주와 제주 4·3에 대한 운동가요이다. 4·3음악과 광주음악의 경우 사건의 진상을 알리고 희생자의 명예회복을 위한 노래가 만들어져 이후 사회운동에서 널리 퍼졌다.

1) 놀이와 나른함

1980년대의 음악운동은 민족적인 정서를 바탕으로 한스러운 상황을 변화시키고자 하는 투쟁적인 노래를 중심으로 한다. 아래는 1993년에 만들어진 <세월>이라는 4·3관련 노래의 가사이다.

> "너무 오랜 세월 한마디 말도 없어 누구의 명령인지 몰라도 잊으라고 강요받으며 사상과 이념일랑 몰랐네 같은 피의 한겨레일 뿐 제국주의가 들어오고 총칼이 판을 치고 민중의 세상 위하여 치켜든 우리 깃발은 매국노 주둥아리로 폭도라 농간당하고 누가 분단을 강요했는지 누가 동포를 죽이라고 했는지 제국과 정권욕에 휩

싸인 족속인지 성조기의 그늘 아래 피울음을 울던 아 숨 막히는
세월 (...)"53)

노래 가사에는 외부 세력에 대한 분노("제국과 정권욕에 휩싸인
족속")와 그들이 자행한 사건에 대한 억울함과 한스러움("피울음을
울던", "숨막히는 세월")이 고스란히 드러난다. 1980년대 운동권의
노래 중 <오월의 노래>와 함께 양대산맥을 이루는 <님을 위한 행진
곡>의 경우에도 "사랑도 명예도 이름도 남김없이 한평생 나가자"며
"새날이 올 때까지 흔들리지 말"고 "앞서서 나가니 산자여 따르라"
고 외친다.

반면 2010년대 운동 현장에서의 음악 태도는 놀이와 희화화에 가
깝다. 2011년 서울대에서는 법인화에 반대하며 여러 음악인들이 참
여하는 본부스탁이 개최된 바 있다. 이에 참가한 '밤섬해적단'의 노
래는 다음과 같다.

"북괴의 지령이 내려졌다! 복지예산 확충하라! (...) 북괴의 지령이
내려졌다! 등록금을 인하하라! 북괴의 지령이 내려졌다! 민주당에
투표하라! (...) 부동산 투기를 억제하라! 북괴의 지령이 내려졌다!
부정부패 척결하라! 북괴의 지령이 내려졌다! 구멍가게를 이용하
라!" <북괴의 지령>

복지예산 확충, 등록금 인하, 부정부패 척결, 구멍가게 이용 등의
나열로 이뤄진 가사이다. 이 주장들은 서로 연관이 없는 것처럼 보
이나 한국 사회에서 '북괴의 지령'으로 이해되는 주장들이기도 하다.
그리고 이 노래에 맞춰 사람들은 몸을 흔든다. 상황에 대한 희화화

---

53) 나간채·정근식·강창일 외, 『기억 투쟁과 문화운동의 전개』, 역사비평사, 2004, 170쪽.

를 통해 노래를 만들고 사람들은 이 앞에서 주먹을 쥐고 분노하기보다 함께 몸을 흔들며 재미있는 놀이로 즐긴다.

또한 과거의 투쟁적 정서는 오히려 나른함으로 변화했다. 2011년 본부스탁 때 자주 흘러나오던 노래는 밴드 '브로콜리 너마저'와 같은 나른한 노래[54]이며 두리반 현장에서 '회기동 단편선'의 노래는 다음과 같다.

> "오늘 나는 입술에 잡힌 물집, 오늘 나는 힘없이 새는 오줌 줄기 (...) 오늘 나는 노동자들에게 최루액을 쏟는 특공대 오늘 나는 벽에다 음담을 적고 시시덕대며 담배를 태우는 철거깡패들 (...) 오늘 나는 매일 삼각김밥으로 끼니를 때우는 오늘 나는 술 마시면 꼭 여자에게 추근덕대는 오늘 나는" <오늘 나는>

특공대와 철거깡패들에 대한 부정적인 인식을 보이면서도 나는 "힘없이 새는 오줌 줄기"에 불과하고 "여자에게 추근덕대는" 사람이다. <오늘 나는> 노래 가사의 경우 무력함에서 시작하여 부정적인 상황을 맞닥뜨리지만 결국 다시 무력함과 자조로 끝이 난다.

집회에서 희화화되고 나른해진 노래에 대해 단지 상황이 과거의 대학살과 같이 '충분히' 한스럽거나 절망적이지 않기 때문이라는 설명 역시 가능하다. 그러나 나른함은 단순한 지루함의 정서라기보다는 상황에 대한 절망과 분노가 침잠해버린 정서에 가깝다. 즉 과거와 2010년대의 상황에 대한 절망적인 인식은 동일하나 과거 사회운동 현장에서 불린 노래들은 절망적인 상황을 이겨내고 투쟁하고

---

54) '브로콜리너마저'의 당시 보컬 계피의 나른하면서도 담담한 목소리로 노래가 진행된다. 진정성을 가지고 담담하게 자신의 목소리를 내는 여성 보컬은 인디 밴드의 특성 중 하나로 해석되기도 한다.

자 했다면 2010년대 노래들은 자조감과 무력함이 지배하고 있다. 이 상황에서 개인으로서, 약자로서 할 수 있는 것은 상황과 자기 자신조차도 희화화하고 몰락을 전망하면서도 그저 버텨내는 것이다.

2) 음악의 자율성

정서뿐 아니라 음악 자체와 음악을 하는 태도에 있어서도 변화가 일어난다. 1980, 90년대 노래의 경우 직접적으로 가사를 통해 1980년 광주와 같은 사건을 노래하거나 현실에 함께 참여할 것을 이야기한다. 1980년 광주항쟁에서 작곡된 <전진가>의 가사는 "가자 가자 이 어둠을 뚫고 우리 것 우리가 찾으러 낮도 빼앗겨 밤도 빼앗겨 착취와 수탈에 지친 형제들 (...)"로 시작된다. 반면 2010년대 집회 현장에서 불려지는 노래는 상당수가 투쟁 자체와 크게 관련이 없다. 앞서 서울대 본부스탁에서 불린 '브로콜리너마저'의 <앵콜요청금지> 가사는 이를 잘 보여준다.

> "안돼요 끝나버린 노래를 다시 부를 순 없어요 모두가 그렇게 바라고 있다 해도 더 이상 날 비참하게 하지 말아요 잡는 척이라면 은 여기까지만 제발 내 마음 설레이게 자꾸만 바라보게 하지 말아요 아무 일 없던 것처럼 그냥 스쳐 지나갈 미련인 걸 알아요 아무리 사랑한다 말했어도 다시 돌아올 수 없는 그 때 그 맘이 부른다고 다시 오나요 아무래도 다시 돌아갈 순 없어 아무런 표정도 없이 이런 말하는 그런 내가 잔인한가요 (...)".

80년대에 통속적인 사랑 노래로 거부되었을 가사의 노래가 집회 현장에서 불리고 있는 것은 더 이상 음악의 생산자나 수용자가 노래를 직접적인 내용 전달의 수단으로 파악하고 있지 않음을 보여준다. 물론 단순히 음악 가사의 직접성과 간접성을 통해 과거와 현재의 음악의 특성을 비교하려는 것만은 아니다. 2010년대 음악이 자율성을 가지고 있다고 판단하는 데에는 집회 현장 또는 사회 운동에서 음악을 대하는 태도에 차이가 나타나기 때문이다. 과거 음악에 대한 태도는 민족음악연구회의 창립선언문(1988)에 잘 나타난다. 우리 음악은 외세의 지배와 분단으로 말미암아 사회와 민족사에 뿌리박은 음악의 생산과 표현활동을 제대로 해오지 못했으며 민족 구성원의 삶의 현장에 뿌리를 두는 대신 아직도 순수예술 지상주의적 사고가 갖가지의 모더니즘적 음악 형태들 속에서 횡행하여 우리의 건강한 창조성은 질곡에 빠져 있다.

먼저 민족음악연구회라는 조직명에서 잘 드러나듯 민족성을 중심으로 하는 노래를 지향하고자 하는 모습이 보인다. 이는 당시 제국주의에 대한 저항("외세의 지배와 분단으로 말미암아")과 맞닿아있는 것으로 음악의 생산과 표현활동에서도 민족성을 되찾겠다는 의지를 엿볼 수 있다. 또한 순수예술 지상주의적 사고에 대한 강한 비판이 보이는데 이는 "민족 구성원의 삶의 현장에 뿌리를 두는" "건강한 창조성"과는 거리가 먼 것이다.

이에 대해 강내희는 문화운동의 정치경제운동에 대한 수단화 경향을 지적하며 "당시 문화운동이 자신의 위력을 드러내는 방식은 '5분대기조' 형태로 정치운동을 돕고, 가두시위 현장의 분위기를 돋우는"55) 경향이 있다고 지적하기도 한다. 그에 비해 2010년대 집회에

---

55) 강내희, 「신자유주의 시대 문화지형의 변동과 문화운동: 역사와 과제」, 동아대학교 석당학술원 인문과학연구소, 『문화이론과 문화운동』, 세종출판사, 2008, 82-83쪽.

서의 음악은 상대적으로 사회운동에 문화가 종속되기보다는 놀이를 지향하며 그 자체로 자율성을 가지고 관계를 맺는다. 오히려 2010년과 2011년 두리반 음악회에 참여한 인디 음악가들의 경우 구호를 내걸고 사회를 변혁시키겠다는 사회 참여에 거부감을 느끼는 인디 밴드들도 많으며 그저 좋은 음악을 하고 싶은 음악가들도 상당수 존재한다. 그들에게 두리반 음악회는 자본주의 타도의 일환으로서의 행위라기보다는 동네에서 일어나는, 공감되면서도 재미있는 모임에 가깝다고 할 수 있겠다.

3) 개인적, 유기적 연대

2010년대 음악 활동이 상대적인 자율성을 갖는 것은 조직 활동과도 연관이 있다. 1980년대의 문화운동이 뚜렷한 의식을 가진 단체들을 중심으로 했다면 2010년대 인디 음악가들은 개별적으로 운동에 참여한다. 다음의 표는 70년대부터 90년대까지 한국의 노래모임들을 정리한 것이다.

<표1: 시대별 노래모임/연합>56)

1970년대	대학	서울대 '메아리', 이화여대 '한소리'
1980년대	대학	서울대 '민요연구회', 고려대 '노래얼', 연세대 '울림터', 중앙대 '진달래', '누리울림', 한양대 '더불어 사는 소리', '하늬바람', 외국어대 '새물결', 전남대 '한울림', 광주대 '소낙비', 목원대 '목마름'
	지역	'노동자문화예술운동연합', '서울노동자문화예술단체협의회', '안양민중문화예술운동연합', '광주민중문화운동협의회', '인천민중문화예술운동연합'
1990년대	전국	'민족음악협의회'

위의 표를 살펴보면 대학을 중심으로 노래패가 생기고 다시 지역별로 이를 연결하는 연합이 존재하며 90년대에 들어서는 전국적인 조직인 '민족음악협의회'가 탄생한다. 이외에도 병원노조연합 노래패, 사무금융노조연합 노래패, 선교회노래패 등이 조직되었다. 즉 노래의 생산과 향유가 조직을 통해서 이뤄졌으며 대학과 지역, 전국을 거쳐 체계적인 방식으로 조직화되어있음을 볼 수 있다.

반면 두리반 음악회에 참여한 인디 음악가들은 개별적으로 장소에 모인다. 물론 두리반의 경우에도 음악가들의 참여가 늘어나자 51+라는 이름으로 51팀의 밴드를 모아 5월 1일 노동절에 공연을 기획한다. 그러나 이를 체계적인 조직이라고 보기는 힘들며 대학−지역−전국으로 향하는 수직적인 양상의 조직과는 더욱 비교된다. 즉 개인적인 참여와 함께 공통되는 사안에 대한 느슨하고 유기적인 형태의 연대가 이뤄진다.

지금까지 1980년대와 2010년대 문화운동의 내용이나 방식의 차이에 대해 살펴보았으나 사회 문제에 대한 참여에 문화운동 분석을 한정시킨다면 그것은 사회 운동에 종속된 문화운동과 크게 다를 바가 없을 것이다. 이러한 분석은 새로운 문화 운동의 가능성을 모색하기 어렵게 한다. 또한 몇몇 부각된 인디 밴드의 사회 참여만 주목하는 것은 현재 문화 운동의 가능성을 확대해석할 우려가 있다.

---

56) 나간채·정근식·강창일 외, 『기억 투쟁과 문화운동의 전개』, 역사비평사, 2004, 353-355쪽 참고

3. 태도로서의 인디 음악

　그렇다면 두리반에서 보인 인디 음악가들의 모습은 문화운동으로 볼 수 있는가, 또한 이 문화운동은 과거의 문화 운동과 비교해 어떠한 특징을 가지고 있으며 새로운 문화운동의 가능성을 보이는가 라는 질문을 던질 필요가 있다. 예를 들어 라이브 클럽 중 하나인 문래동 로라이즈에서 2012년 대선 기일에 인디 음악가들이 함께 모여 공연을 했다는 것 자체가 새로운 문화 운동의 가능성으로 해석될 수는 없기 때문이다.

　이에 대해 인디 음악이 가지고 있는 태도를 중심으로 분석해보고, 태도로서의 인디 음악을 다시 문화적 하부정치와 연결시켜보고자 한다. 음악평론가 김작가는 한국 인디의 흐름을 '태도'와 '취향'으로서의 인디로 보고 취향으로서의 인디가 태도로서의 인디로 다시 뭉치고 있다고 본다.[57] 자신이 좋아하는 음악을 지향하는 활동이 취향으로서의 인디라면 특정한 태도와 가치관을 중심으로 음악을 추구하는 활동은 태도로서의 인디라고 할 수 있겠다. 취향에서 태도로서의 인디라는 것은 취향 중심의 음악 활동에서 서구의 펑크나 락과 같이 저항적 태도로서의 음악 활동의 모습이 보인다는 것이다. 그러면 두리반 이후 인디 음악의 태도는 어떠한가.

---

57) 김작가, 「한국 인디 음악의 변증법② 태도와 취향, 그 이후」, 『무비위크』471호, 2011.3.30, 99-100쪽.

1) 대안문화와 자립성 추구

분석을 위해 두리반 이후 인디 밴드들의 활동 양상에 대해 간단히 짚고 넘어갈 필요가 있다. 두리반 이후 몇몇 인디 밴드들이 모여 노동절을 따 51+라는 이름으로 '뉴타운 컬쳐 파티'를 진행하고 자립음악생산자조합을 만들었다. 이들은 한국예술종합학교의 버려진 건물에서 '클럽 대공분실(2011-2013)'을 만들고 각종 공연을 벌이기도 했다. 그밖에도 문래동의 클럽 로라이즈(2011-2013), 이태원의 꽃땅(2011-2013), 용산의 전자쌀롱(2011-) 등을 중심으로 인디 밴드들이 공연을 해나갔다(물론 이러한 공연장들과 활동이 인디 밴드 전체를 조명하고 있다고 보기는 어려우나 본 논문에서는 두리반 음악회에 참가했던 밴드들이 후에 어떠한 흐름을 이어갔는지를 중심으로 살펴본다).

이들이 만들어나가고 있는 여러 공간들은 단순히 공연장에 머물지 않는다. 공간은 공연장과 전시장으로, 카페로, 세미나실로, 창작 워크샵의 장소로 사용된다. 라이브 클럽 빵의 경우 모던록 라이브클럽이면서 갤러리, 카페 등의 공간으로도 함께 쓰인다. 이러한 양상에 대해 복합문화공간이라는 단어가 붙여지기도 했다.

이들의 활동은 일회적인 공연으로 끝나거나 단순한 공연장 대여에 머물지 않고 대안적인 문화를 만들어간다. 이 때 활동이 '~에 대한 저항'과 같은 부정성이 아니라 '~에의 추구'와 같은 긍정성으로 자리매김한다는 점은 흥미롭다. 즉 이데올로기나 이해관계를 추구하거나 거부하기보다 자신들이 원하는 문화와 공간을 만들어가는 모습에 주목할 만하다.

더불어 인디 음악가들이 지향하는 대안문화는 자립의 태도와도 연결된다. 인디라는 단어 자체가 independent의 줄임말임을 고려할 때 독립과 자립의 태도는 자연스럽다. 특히 자본과 권력이 인디 음악이라는 하위문화에까지 영향력을 발휘하고 있다는 점을 고려할 때 2010년대 인디 음악가들의 자립의 태도는 더욱 주목해볼 만하다. 인디 문화에서 음악활동을 지속가능하게 하는 환경을 만들어내는 것은 필수적이기 때문이다.

자립의 움직임을 보이는 대표적인 모임인 자립음악생산자조합은 "자본과 국가 내지는 행정기관의 간섭을 가능한 줄이고, 소규모 생산자들이 연대하여 스스로가 활동할 수 있는 장(field)을 구축한/구축하는 것을 우리는 자립이라 부른다."[58]고 밝히며 자립을 지향한다.

2) 인디 음악의 태도와 하부 정치로서의 문화 운동

그러나 한편 두리반 이후 인디 뮤지션들의 흐름을 따라가다 보면 현재 그들의 대안문화 추구와 자립을 향한 움직임을 애초의 사회 운동과 문화와의 관계에 대한 질문으로 풀어내는 것이 여전히 적합한가 하는 의문점이 남는다. 대안문화에의 추구와 자립의 움직임은 그저 자신들의 활동을 지속하기 위한 이익단체의 활동은 아닌가? 이러한 시각에서 두리반 이후 태도로서의 인디 음악 활동의 흐름은 단순히 문화 공간 확립으로서 문화 운동으로 축소될 우려가 있다.

2010년대 인디 뮤지션들의 태도로서의 음악이 문화 운동적 성격

---

58) 자립음악생산조합 홈페이지(http://www.jaripmusic.org/) 조합 소개글 참고.

을 갖는 것은 하부정치로서의 문화에 주목할 때이다. 이와 관련해 성찰적 근대화에서 하부 정치에 대해 이야기한 울리히 벡의 이야기를 참고할 필요가 있다.

산업자본주의 단계에 정치적인 것에 의해 보호받았던 의사결정의 영역들—사생활, 경제활동, 과학, 도시, 일상생활 등—은 성찰적 근대성에서는 정치적 갈등의 폭풍 속에 휘말려 들어간다. 여기서 한 가지 중요한 점은 이 과정이 어느 정도까지 진행되고, 그것이 무엇을 의미하며, 그것이 어디로 이끄는가 하는 것이 정치적 의사결정에 의존하며, 이 정치적 의사결정은 단순히 받아들여지는 것이 아니라 형성되어야 하고, 계획적으로 채워지고, 행위가능성으로 전환되어야만 한다는 것이다.[59]

홍대라는 지역과 인디 음악이라는 '비정치적'인 영역들은 자본과 권력의 지배 안으로 '휘말려 들어간다'. 인디 밴드를 대상으로 하는 <탑밴드>라는 오디션 프로그램이 생기고 텔레비전 안뿐 아니라 홍대 앞에서도 경쟁이 가열된다. 이에 대해 벡은 갈등의 과정이 어느 정도까지 진행될 것인지는 "행위가능성으로 전환되어야"한다고 본다. 이러한 상황에서 자립의 태도를 중심으로 음악 활동을 하는 음악가들은 단순히 변화를 받아들이고 순응하는 개인이라기보다는 행위하는 주체라고 볼 수 있다.

비정치적인 영역에서의 정치적인 것의 재창조는 하부정치로, 정치와는 구분된다. 하부정치는 정치체제 외부의 행위주체도 사회계획을 만드는 무대에 등장시키며, 집합적인 행위주체뿐 아니라 개인들

---

59) 울리히 벡, 「정치의 재창조: 성찰적 근대화 이론을 향하여」, 앤소니 기든스·울리히 벡·스콧 래쉬, 『성찰적 근대화』, 임현진·정일준 옮김, 한울, 1998, 43-44쪽.

이 정치적인 것을 만들어내기 위해 경쟁하게 한다.60) 태도로서의 인디 음악에서 대안문화와 자립을 지향하는 음악 활동은 앞서 살펴본 놀이와 자율적인 움직임을 통해 행위의 잠재력을 가지고 있으며 부정성의 저항은 오히려 긍정성의 태도 안에 녹아들어가 있다.

그러나 한편 하부정치의 영향력의 한계 역시 존재한다. 하부정치의 새로운 활동은 불확실하고 모순적인데 "내면적 이동이 종종 미온적인 상태로, 말하자면 발은 여전히 옛 질서 안에 굳게 딛고 있는 상태에서 이루어지기 때문"61)이다. 비정치적인 것의 정치화와 정치적인 것의 비정치화 사이의 결합과 뒤섞임에서도 '옛 질서'는 여전히 영향력을 발휘한다. 다음 절에서는 문화적 하부정치가 이러한 질서와 어떻게 관계를 맺는지 살펴보려 한다.

4. 문화 운동과 지역성

1) 비홍대 중심의 움직임과 여전한 홍대 의존성

이 지점에서 문화 활동과 사회 운동의 연관을 다시 지역성을 중심으로 분석한다. 한국 사회에서 인디 음악은 홍대 앞 음악과 동일어에 가까우며 이를 홍대 씬(scene)으로 지칭하기도 한다. 씬(scene)은 권력과 경쟁, 객관적 구조와 행위자들의 전략을 중심으로 하는 부르디외의 장(field) 개념에 비해 보다 느슨한 맥락을 지칭한다. 씬은 지

---

60) 울리히 벡, 49쪽 참고.
61) 울리히 벡, 47쪽.

리학적 공간 내에서 발생하는 다양한 음악 활동의 관계를 설명[62]하는 개념이다. 한국 인디 씬은 홍대와 같은 지역을 중심으로 나타나는 음악 활동들의 맥락을 의미한다.

두리반의 성공은 '홍대 앞'이라는 지역적 맥락과도 긴밀하게 연관돼 있다. 인디 뮤지션들이 모이는 홍대 지역에 두리반 칼국수집이 있었기에 많은 인원들이 철거 농성장에 참여할 수 있었고, 단순히 양적인 참여뿐 아니라 문화적인 참여를 통해 농성장의 명소화를 가능하게 했다. 이는 사회 운동에서의 문화 활동 움직임이 지역과 관계를 맺으며 일어나고 있음을 잘 보여주는 사례이다.

자립을 목표로 하는 태도로서의 문화운동은 모든 지역에서 일어나지도 않고 또는 중앙집권적으로 일어나지도 않고 있으며 특정 지역들을 중심으로 발생하고 있다. 젊음과 비주류의 상징이었던 홍대가 상징자본 등을 통해 자본의 주목을 받는 장소가 된 이후 새로운 음악 씬(scene)을 찾기 위한 노력들이 이뤄졌다. 문래동, 충무로, 수유-안암-회기-석관-월곡동(한예종, 외대, 경희대, 동덕여대, 덕성여대, 고려대, 성신여대, 한성대 등의 성북구 대학가 중심), 낙성대 등이 그 예이다. 따라서 태도로서의 문화운동의 움직임을 지역성을 통해 살펴보는 것은 의미가 있을 것이다.

먼저 두리반 사태 이후 자립음악생산자모임을 만들고 한예종의 '클럽 대공분실'을 중심으로 활동을 이어간 인디 밴드들에 주목해볼 필요가 있다. 이들은 '클럽 대공분실' 기금 마련 공연을 준비하고 돌곳이 씬의 출발에 대한 기대감을 표출했다[63]. 이들은 홍대 중심의

---

62) Straw, Will, Systems of articulation, logics of change: communities and scenes in popular music, Cultural Studeis, pp.368-388 참고.

한국 음악계 상황을 넘어서는 새로운 씬들의 출현을 준비했다. 자립음악생산자모임은 이후 자립음악생산자조합으로 이어지며 충무로에 자립본부를 위치시킨다. 자립음악생산자조합의 운영자는 "언더그라운드와는 잘 어울리지 않는 것 같아 보이는 충무로라는 공간을 선택하게 된 것은 (…) 새 술을 새 부대에, 오히려 나름의 역사가 쌓인 오래된 (청년들에겐 잊혀진) 공간에서 다시 새로운 문화의 도래를 꾀하는 것이 의미 있다 생각하기 때문"[64]이라고 밝힌 바 있다. 또한 2012년 한예종에서 열린 인디 밴드들의 페스티벌 51+는 2013년 문래동에서 열렸다. 51+ 페스티벌의 기획자 역시 지역과 문화 흐름과의 관계에 대한 명확한 인식을 보여줬다.[65] 마지막으로 최근 낙성대에 자리를 잡은 클럽 '사운드마인드' 운영자의 태도 또한 주목해볼 만하다. 운영자가 학창 시절을 보낸 곳에서 새로운 음악씬이 형성되길 바라는 마음으로 클럽을 열게 됐다는 점은 인디 문화 활동가들이 자신들의 활동과 지역 간 관계의 중요성을 인식하고 있다는 것을 보여준다.

그렇다면 왜 이들은 새로운 지역에서 새로운 씬을 형성하고자 하는지 살펴볼 필요가 있다. 홍대와 이태원의 경우에는 이미 90년대

---

63) "<클럽 대공분실>의 공식 오프닝 파티를 기대하면서, 저희는 <클럽 대공분실>을 선두로 하여 (지역 생태계 내에서 주요한 포지션을 차지하고 있는 단위인) 대학교를 중심으로 수유-안암-회기-석관-월곡을 잇는, 이른바 '돌곶이 씬'이라는 새로운 로컬 씬을 만들어보면 좋지 않을까, 하는 바램을 함께 가지게 되었습니다. (…) 사실상 '인디' 내지는 '언더그라운드'라 말했을 때 떠오르는 장소가 '서울-홍대앞' 밖에 없을 정도로 중앙집중화된 한국 음악계의 상황에서 홍대앞이 '과포화 상태'에 접어든 지는 벌써 한참 지났습니다."-클럽 대공분실 소개글 http://dgbs.tumblr.com/post/2796952384

64) 「동네사진관에 둥지 트는 자립음악생산자조합…충무로 시대 맞이해」, <텐아시아>, 2013.12.03.

65) "홍대 앞은 새로운 흐름이라고 볼 수 없어요. 기존에 있던 흐름인 것이죠. 새로운 흐름을 분출하기 위해서는 홍대가 아닌 장소가 좋아요"-「문래동 예술촌은 '시한부' 성업중」, <한겨레>, 2013.04.24.

후반 이후로 많은 클럽들이 자리를 잡고 흥망성쇠를 이어왔다. 클럽은 자신의 취향이나 지향점과 맞는 환경을 선택해 들어서기도 하지만 비슷한 종류의 클럽들이 모여 지역성을 형성하기도 한다. 특히 홍대의 경우 인디 밴드들이 쉽게 모일 수 있는 곳이기도 하지만, 이미 자신의 강한 색을 갖고 있는 지역이라는 것이다. 따라서 이미 강한 정체성을 가지고 있는 지역에서 활동을 시작하기에는 많은 관객과 공연장, 인적 자원이라는 이점도 존재하지만, 새로운 정체성을 원하는 이들에게 기존의 환경이 역으로 작용할 수도 있는 것이다.

그럼에도 여전히 태도로서의 문화 운동에 있어 홍대에 대한 의존도는 높다. 대다수의 라이브 클럽이 홍대에 기초하고 있고 조합이나 대안 공간은 홍대가 아닌 곳에 위치할 수 있으나 중심이 되는 무대, 관객이 존재하는 곳은 '홍대 앞'이기 때문이다. 이는 인디 밴드의 공연이 이뤄지는 공연장의 현황을 주요 지역으로 정리해보면 더욱 명확해진다. 아래의 <표2>는 인디 공연장 일정이 업데이트 되는 사이트(인디스트릿 www.indistreet.com)를 중심으로 지역별 공연장들을 다시 정리한 것이다.

<표 2 지역별 공연장>

홍대	살롱바다비, 공중캠프, 벨로주, 오뙤르, 클럽빵, 카페언플러그드, 요기가표현갤러리, 프리버드, 클럽DRUG, 클럽FF, 고고스2, 핑크문, 롸일락, 살롱노마드, 긱, ALLOFROCK (...)
이태원	꽃땅(2011-13), 전자쌀롱, 독각귀홀, 아마도 예술 공간, Burgermine, Deeleebob Music, Moonnight, New Phillies, Orange Tree Indigo, Rocky Mountain Tavern, The Local (...)
문래	로라이즈(2011-13), 스페이스문, 재미공작소
돌곶이	클럽 대공분실(2011-13), 감성달빛
충무로	자립본부
낙성대	사운드마인드

표에서 알 수 있듯이 홍대와 이태원에는 존재하는 공연장의 수와 종류가 다양하다. 특히 인디 밴드의 공연에 있어 홍대가 차지하고 있는 지역적 영향력을 살펴볼 수 있다.

2) 다시 '두리반 문제'로

그렇다면 홍대 이외의 새로운 지역에서 만들고자 하는 새로운 씬이라는 것은 무엇인가. 이들은 단순히 음악가들의 모임을 넘어서 인디 음악의 자립과 지역 간의 연관을 뚜렷이 인식하고 새로운 씬의 등장을 통해 과포화된 홍대 씬의 문제를 해결하려는 모습을 보여준다. 문래동에 자리 잡은 일러스트 작가 이소주 씨의 말에 주목할 필요가 있다.

> "처음 입주했을 당시인 5년 전에는 임대료가 싸다는 이유로 작가들이 입주한 것이 전부였지만 지금은 그 의미가 많이 달라졌다 (…) 문래동에 입주한 작가들이 많아지고 그들이 함께 커뮤니티를 형성해 프로젝트를 만들고 지역사회와 함께 할 수 있는 축제를 만들면서 단순한 사적 공간이 아니라 문화적 공공성을 띄게 된 것"[66]

문화는 지역 공동체를 기반으로 생성되고 확장되며 지역 역시 공간에 새겨지는 문화들을 통해 특수한 장소로 거듭난다. 즉 특정 지역 중심의 문화 활동이 지역사회에서 문화적 공공성을 갖게 하고 지역 정체성을 재생산해낸다.

그러나 단순히 지역과 문화의 상생이라는 훈훈한 관계를 문화 운

---

66) 「문래동 철공소에 피어난 예술의 꽃」, <문화저널21>, 2010.06.03.

동의 미래로 낙관할 수만은 없다. 가장 뚜렷하게 태도로서의 문화운동을 지향하고 있는 자립조합의 경우("패션으로서의 단순한 인디문화를 넘어 "음악생산조합, 정치공동체, 경제연합체"의 가능성을 고민"[67]) 새로운 씬의 형성 요인에 대해 지대 문제를 직접적으로 꼽는다. 그들은 홍대 중심으로 인디 씬이 과포화되면서 지대가 올라가 독립적으로 새로운 클럽을 만들기 어렵고, 중규모 이상의 클럽만이 지속 가능해 다양한 인디 밴드들이 등장하기 어렵다고 본다.[68] 다시 두리반이 겪었던 문제, 즉 상가세입자와 상가주인, 개발업자 간의 사회경제적인 문제로 돌아갈 수밖에 없는 것이다. 지역에는 낮은 지대를 유지하면서 새로운 인디 밴드들이 나올 수 있는 작은 공연장들이 활성화되기를 바라는 음악인들도 있지만 고층 주상복합건물을 원하는 주민이, 재개발을 원하는 집주인이, 많은 손님들이 오고 가길 바라는 상인도 존재한다. 여기에서 문화적 하부정치는 다시 현실의 자본, 권력과 관계를 맺게 된다. 두리반의 문제로 다시 돌아오지 않고서는 지역과 문화의 상생이라는 시너지 효과는 요원하다.

지역 내에서의 사회경제적 문제를 해결하기 위한 정부의 개입 역시 지역 주민과 활동가들과 관계를 맺는다. 재개발 사업으로 지역 문화가 사라지는 것을 막기 위해 서울시는 '흔적 남기기 프로젝트'를 추진 중이기도 하다. 흔적 남기기 프로젝트는 재개발 사업을 진행할 경우 도시의 일부 모습을 의무적으로 보존하는 방안이다. 문래 예술촌으로 각광을 받으며 제2의 홍대로 기대를 모았던 문래동의 경우 일부 지역이 도시환경정비구역으로 결정돼 재개발 사업이 진

---

67) 「지켜라! 우리가 일구는 문화 알갱이들」, <프레시안>, 2011.09.15.
68) 자립음악생산자조합 발기문 참고

행 중이다.

앞서 언급한 하부정치와 지역성의 관계를 살펴보면 지역은 이미 존재하는 '옛 질서'로 문화적 하부정치의 발현을 가로막는 측면도 있을 수 있다. 태도로서의 인디 음악은 그 자체만으로 존재할 수 없고 대안문화와 자립의 움직임을 이어가기 위해서는 지역과 관계를 맺을 수밖에 없다. 지역 내에 존재하는 사회경제적 문제와 맞닥뜨려야 하고 그 해결 과정에서 문화적 하부정치의 가능성이 생기거나 좌절될 것이다. 그러나 한편으로는 지역과 문화의 상생이라는 역사에서 보듯이 지역성은 지역의 문화를 통해서 강화되고 문화 역시 지역과 관계하며 그 색깔을 강하게 지니게 된다.

5. 결론

2010년대 문화 운동이 보여주는 모습을 그저 재미있는 사건으로 바라보거나, 사회 운동에 문화가 어떻게 효과적으로 기여하고 있는지 또는 문화인들이 자신들을 위한 공간을 만들어나가고 있는지 살펴보는 것은 문화 운동의 가능성을 과소평가 또는 과대평가하게 될 것이다. 문화인들이 집회 현장에서 그저 즐겁게 노는 장으로 파악하거나 문화인들의 공동체를 그저 이익단체로 파악할 경우 문화적 하부정치의 가능성은 과소평가된다. 반면 인디 음악가들의 모습을 과거와 구분되는 새로운 에너지를 가진 것으로 파악하고 이 에너지를 통해 정치적 변화가 일어날 수 있을 것으로 낙관한다면 그것은 문화적 하부정치의 가능성을 과대평가하게 되는 것이다. 어느 경우에도 새로운 문화 운동의 모습을 제대로 파악하거나 분석하기 어렵다.

인디 음악의 문화적 하부정치는 음악활동의 자율성을 지속가능한 형태로 유지하며 태도로서의 음악을 바탕으로 한다. 대안문화에의 추구와 활동 영역의 자립성을 특징으로 하는 태도로서의 음악은 음악 활동 자체로 문화적 하부정치의 가능성을 보인다. 다만 홍대 씬이라는 단어에서 알 수 있듯 인디 음악은 지역과 밀접한 관련을 맺는다. 두리반 이후 과포화된 홍대에서 벗어나 홍대가 아닌 다른 지역에 새로운 음악씬을 형성하려는 노력이 이어지고 있으나 여전히 상당 부분 홍대에 의존적이며 자체적인 움직임에도 어려움을 겪고 있다. 이는 두리반이 겪었던 문제, 재개발과 재건축의 사회경제적 문제와도 맞닿아있는 어려움이다. 따라서 인디 음악의 문화적 하부정치는 지역성을 바탕으로 하는 현실의 정치와 관계 맺을 때에야 가능할 것이다.

지금까지의 논의는 후기 근대 사회에서 이어지고 있는 신사회운동과 문화공론장 논의와도 연장선상에 있다. 이 논문에서는 문화인들의 공론장이 아니라 문화공론장에, 놀이의 집합이 아니라 놀이 안에서 나타나는 정치성의 모습에 주목하고자 했다. 취향을 중심으로 하는 인디 음악이 어떻게 태도로서의 인디 음악을 추구하는가에 대한 연구는 취미와 기호를 중심으로 하는 자발적 공동체의 가능성에 대한 이론적, 경험적 논의로 이어질 수 있을 것이다. 더 나아가 문화적 하부정치에서 문화공론장은 여전히 가능한지, 불가능하다면 문화적 집단들은 어떠한 의미를 갖는지에 대해 추후의 논의로 이어지기를 기대한다.

참고문헌

Straw, Will, Systems of articulation, logics of change: communities and scenes in popular music, Cultural Studies Vol.5, No.3, 1991.

William G. Roy, How Social Movements Do Culture, International Journal of Politics, Culture and Society Vol.23, No.2-3, Springer, 2010.

강내희, 「신자유주의 시대 문화지형의 변동과 문화운동: 역사와 과제」, 동아대학교 석당학술원 인문과학연구소, 『문화이론과 문화운동』, 세종출판사, 2008.

나간채·정근식·강창일 외, 『기억 투쟁과 문화운동의 전개』, 역사비평사, 2004.

김민규, 「한국 인디문화(indie culture)에 대한 사회학적 연구」, 고려대학교 대학원 학위논문, 2002.

울리히 벡, 「정치의 재창조: 성찰적 근대화 이론을 향하여」, 앤소니 기든스·울리히 벡·스콧 래쉬, 『성찰적 근대화』, 임현진·정일준 옮김, 한울, 1998.

* 기사
「동네사진관에 둥지 트는 자립음악생산조합…충무로 시대 맞이해」, <텐아시아>, 2013.12.03.

「문래동 예술촌은 '시한부' 성업중」, <한겨레>, 2013.04.24.

「지켜라! 우리가 일구는 문화 알갱이들」, <프레시안>, 2011.09.15.

「한국 인디 음악의 변증법② 태도와 취향, 그 이후」, <무비위크> 471호, 2011.03.30.

일본 철강기업에 의한 환경 재생사업의 전개와 지역연대

- '식품폐기물 에탄올' 사례 분석을 중심으로 -

리 지예성(李捷生) 번역: 김양태, 이태정

1. 서론

이 글의 목적은 '(주)신일본제철엔지니어링 기타큐슈환경기술센터(新日鉄エンジニアリング・北九州環境技術センタ-)'가 지역연대를 통해 '식품폐기물 에탄올' 기술을 전개 및 실용화했던 과정을 사례로, 그 과정에서 기업과 지역이 어떠한 협력관계를 맺었는지를 밝히는 것이다.[69] 이를 위해 다음과 같은 문제제기로부터 출발하고자 한다.

첫째, 이 글의 분석대상인 '식품폐기물 에탄올 재생 사업'은 폐기물의 재활용 및 자원화를 무엇보다도 우선하는 전형적인 정맥산업

---

[69] 이 글은 리지에성(李捷生)이 작성한 조사보고서(李捷生, 2011)에 의거해 정리한 것이다. 이 조사는 과학연구비보조금기반연구(B) 과제인 <순환형 생산 시스템에 관한 국제비교연구(연구대표자: 나카세 아키후미(中瀬哲史), 오사카시립대학대학원 경영학연구과 교수)>에 따라 2011년 3월 3일에 실시된 기업조사이다. 실태조사는 '(주)신일본제철엔지니어링 기술개발연구소 기타큐슈 환경기술센터(新日鉄エンジニアリング株式会社・技術開発研究所北九州環境技術センター)'를 방문하여, 관계자에 대한 인터뷰를 실시하고, 시설을 견학하는 형태로 진행되었다. 다른 조사지로는 '기타큐슈市환경모델도시추진실(北九州市環境モデル都市推進室),' '규슈・야마구치 유지사업협동조합(九州・山口油脂事業協同組合)', '규슈공업대학 에코타운실증연구센터(九州工業大学エコタウン実証研究センター)', '서일본 오토리사이클주식회사(西日本オートリサイクル株式会社)', '서일본 가전리사이클주식회사(西日本家電リサイクル株式会社)', '닛산자동차규슈공장(日産自動車九州工場)' 등이 있다. 조사에 참여한 연구진 및 관계자는 총 15명이다. 우선 기업 측에서 스미 토모노리(角知則) 기타큐슈 환경기술센터장, 그리고 기타큐슈환경기술센터 시니어 매니저이자 이학박사인 히다 료타(日高亮太) 등이 참여하였다. 연구팀 참여자는 나카세 아키후미(中瀬哲史), 사카모토 키요시(坂本清), 라우얀칫(劉仁傑), 다구치 나오키(田口直樹), 리지에성(李捷生) 등이다. 필자 본인은 조사기록과 보고서 작성을 담당하였다. 본 원고의 작성과 자료의 분석은 필자 본인의 작업이지만, 조사 내용은 공동연구의 성과라는 점을 밝힌다.

(靜脈産業)에 속한다. 정맥산업은 원료조달에서 제조까지 일련의 이윤 실현 시스템으로서 그 효율성이 기대되어 왔던 동맥산업(動脈産業)과는 다르다. 리스크 및 비용 등의 문제를 내포하고 있어서 사업적 성공이 어렵기 때문이다. 또한 리스크 및 비용 등의 문제를 내포하고 있어 사업적 성공이 어렵기도 하다.[70] 이 글에서는 식품폐기물 에탄올 재생사업이 어떤 형태로 실용화되었는지, 그리고 그 과정에서 지방자치단체 및 지역주민을 포함한 '지역'은 어떠한 형태로 관여해 왔는지, 이 두 가지에 초점을 맞추어 사례분석을 하고자 한다.

둘째, (주)신일본제철엔지니어링이 음식물 쓰레기로부터 바이오연료를 제조한 기술을 실용화하고, 지자체 등을 대상으로 제조 설비를 판매하기 시작한 것은 일본 내 최초의 일이다. 때문에 환경경제 분야에서 상당한 관심을 끌고 있다. 일본에서는 연간 약 1,700만톤의 식품폐기물(2010년도)이 배출되고 있다.[71] 그 중에서 일반 가정에서 배출되는 식품폐기물의 재활용률은 3%밖에 되지 않는다. 이러한 상황에서 식품폐기물 재활용 사업이 실용화에 성공한 것은, 일본 정맥산업 발전을 촉진하는 것 이상의 의미를 갖는다. 뿐만 아니라, 매일매일 대량의 음식물 쓰레기를 배출하는 아시아 대도시들에게도 좋은 선례가 될 것이다.

---

70) 자원순환 시점에서, 동맥산업의 추진 과정을 더듬어 가며, '순환통합형 생산시스템'을 차세대 생산 시스템으로서 논한 사카모토 기요시(坂本清)의 연구("순환통합형 생산시스템의 모색", 아사노 무네카쓰(浅野 宗克)・사카모토 기요시(坂本清) 편, 『환경 신시대와 순환형 사회』, 학문사, 2009), 동맥산업과의 대비에 대해 정맥산업의 존립근거를 분석한 마키 요시아키(牧良明)의 연구("정맥산업에 의한 네트워크 형성의 의의와 한계", 생산시스템연구회 편 『순환통합형생산시스템의 구축을 향한 이론적・실천적 과제』, 과학연구비보조금 기반연구B 과제번호 22330119 최종성과보고서, 2013)를 참조.

71) 내각부(內閣府) 홈페이지(공생사회정책)
http://www8.cao.go.jp/syokuiku/data/whitepaper/ 2013/book/html/c103.html

이와 같은 문제제기에 따라, 제2절에서는 '식품폐기물 에탄올 사업' 추진체제의 특징을 지역과 기업, 그리고 대학과의 협력관계를 중심으로부터 검토한다. 제3절에서는 '식품폐기물 에탄올사업'의 전개과정을 운영 시스템과 생산 공정 이라는 두 가지 측면에서 분석한다. 제4절에서는 이 사업의 성립을 둘러싼 지역연대의 의의를 논하며, 맺음말에서는 정리요약을 하도록 하겠다.

2. '식품폐기물 에탄올 사업'의 추진체제

1) 기타큐슈 에코타운(北九州エコタウン)

기타큐슈 에코타운을 거점으로 발족된 '식품폐기물 에탄올 사업'의 전개과정을 언급하기 전에, 우선 이 프로젝트에 직접 관련되어 있는 기타큐슈시, 그리고 시가 진행하고 있는 에코타운 사업의 개요에 대해 살펴보자.

후쿠오카현(福岡県) 기타큐슈시(北九州市)는 1963년에, 모지(門司), 오쿠라(小倉), 와카마쓰(若松), 하치만(八幡), 도바타(戸畑) 등 5개 시가 합병되어 탄생한 도시로, 인구는 약 100만 명을 넘는다. 천연적으로 항구에 적합한 도카이만(洞海湾)을 끼고, 석탄자원 또한 풍부한 입지조건을 가지고 있다. 1901년에 관영(官営) 하치만제철소(八幡製鉄所)가 설립되었고, 이를 계기로 철강, 기계, 시멘트, 화학공업 등을 중심으로 한 '제조업 도시'로 발전해 왔다. 전후 고도 성장기에는 일본의 4대 공업지대의 하나로서 일본경제를 지탱해 왔다.

기타큐슈 에코타운은 기타큐슈시가 1997년 7월에 통상산업성(通商產業省)의 승인(현재는 경제산업성(経済産業省)과 환경성(環境省)에 의한 공동승인)을 받아 '아름다운 세계 환경도시'를 목표로 하여 만들어졌다. 기타큐슈 에코타운은 일본에서 처음으로 사업화에 성공한 에코타운으로, 그 경험이 선행사례로서의 역할을 하고 있다.

㈜신일본제철엔지니어링 기타큐슈환경기술연구센터(이하 환경기술센터)가 지역의 요청에 따라 식품폐기물 에탄올사업을 시작하게 된 데에는, 기타큐슈시와 신일본제철 간에 역사적으로 오랜 기간에 걸쳐 형성된 깊은 유대관계가 중요하게 작용하였다. 기타큐슈시는 약 백 년 전 하치만제철소가 건설될 무렵부터 한 세기 이상 일본 최대의 철강기업의 죠카마치(城下町)72)로서의 길을 밟아왔다. 그러던 중 1960년대 들어서면서 심각한 환경문제가 부각되었다. 제철소에서 배출되는 매연에 포함된 황산화물(SOx) 및 분진 등으로 인해 호흡기 질환자가 증가하는 등 지역 주민들의 건강상 피해가 심각해졌다. 인근 해역 또한 폐유에 의한 오염이 커다란 문제가 되어, 공업단지로 둘러싸인 도카이만은 대장균조차 생식이 불가능한 '죽음의 바다'로 불릴 정도였다. 심각해지는 공해문제에 대해 지역의 부인회가 최초로 문제를 제기하였다. 부인회는 '파란 하늘이 보고 싶다'는 슬로건을 내걸고 기업 및 시정부에 공해대책을 요구하는 운동을 시작했다. 이는 민간-산업-학계-관의 연대에 의한 공해방지노력을 촉진하는 원동력이 되었다. 그 결과, 공해문제가 상당부분 개선되고,

---

72) [역주] 일본의 도시 형태의 하나이다. 일본 센고쿠 시대(戦国時代) 이래로 영주의 거점인 성을 중심으로 형성된 도시로, 성의 방위시설이자 행정도시, 상업도시의 역할을 하였다. '성 아래에 있는 마을'이라는 뜻이지만, 에도 시대 이후에는 성이 아닌 행정시설을 중심으로 확대되었다.

'잿빛 거리'로 불렸던 마을이 1987년에는 당시 환경청(環境庁, 현재는 환경성環境省)으로부터 '파란 하늘의 거리'로 선정되기에 이르렀고, 도카이만에는 100여 종이 넘는 어패류가 되돌아왔다.

1980년대 후반부터 엔고불황을 계기로, 신일본제철은 '감량경영'을 추진하였고, 이에 따라 대규모의 정리해고가 이루어졌다. 이에 따라 지역의 고용을 지키는 것과 더불어, 어떠한 산업을 새로운 지역산업으로 육성·발전시킬 것인가, 이것이 지자체 및 지역주민들에게 주어진 중요한 과제가 되었다. 당초 기타큐슈시는 지리적으로 한국, 중국에 인접해 있다는 점을 들어 자동차산업의 최신식 제조시설을 건설하고, 대형 항구를 기반으로 하는 거대한 물류거점을 구축하려는 구상을 가지고 있었다. 그러나 이와 같은 제안은 지역주민의 강한 반대로 재검토되어야 했다. 우여곡절 끝에 기타큐슈시는 지역순환형사회(地域循環型社会)의 실현을 목표로, 환경산업을 새로운 지역의 핵심사업으로 정착시키려는 지역발전전략을 수립하였다. 주민–산업–학계–관의 연대를 기반으로, 지금까지의 공해 극복 경험과 노하우를 통해 환경재생사업의 연구·개발부터 제조·유통에 이르는 환경비즈니스를 집약한 에코타운을 건설할 것을 결정하였다.

기타큐슈시는 역사적으로 깊은 관계를 가진 신일본제철로부터 다음 두 가지 측면에서의 협력을 성립시켰다. 하나는, 2000ha라는 광대한 해안매립지의 건설을 신일본제철이 담당하고, 시정부는 매립지를 매입해 보다 좋은 조건으로 기업에게 제공하는 것이었다. 신일본제철은 지금까지 매립지를 개발해왔을 뿐만 아니라, 그 위에 신에이임해일관제철소(新鋭臨海一貫製鉄所)를 건설한 경험과 노하우를 가지고 있었다. 다른 하나는, 신일본제철의 요구사항으로, 환경비즈니스 연구·개발센터를 설립하고 새로운 환경산업을 육성하는 것이었다. 기타큐슈환경기술연구센터의 설립과 '식품폐기물 에탄올 재생사업'의 추진은 신일본제철이 지역의 요청에 응하는 형태로 진행되었다. 이 사업의 실용화를 위해 신일본제철은 기타큐슈시와 함께 식품폐기물의 분리·분별 수거를 체계화하고, 바이오에탄올의 생산에 필요한 원료의 안정된 공급확보를 위해 노력했다. 이 점에 대해서는 뒤에서 자세히 검토하겠다.

2) 신일본제철규슈환경기술센터

식품폐기물 에탄올 사업의 전개과정을 이해하기 위해서는 이 사업의 추진을 담당한 신일본제철 규슈환경기술센터(이하 환경기술센터)가 어떠한 기구인지를 파악할 필요가 있다. 환경기술센터는 ㈜신일본제철 엔지니어링 기술개발연구소의 부속연구시설로 2004년에 설립되었다. 수 억 엔을 투자하여 연구시설 및 실험시설을 건설하였다.[73] 환경기술센터의 설립은 지역과의 연대를 통한 환경기술의 개발을 그 목적으로 한다. 주요 활동방침은 이하의 세 가지 이다.

① 차세대환경기술의 개발을 위해, 앞으로 환경문제의 중심이 될 주제를 선정하고, 실증적 연구개발에 중점을 둘 것

---

73) 신일본제철엔지니어링 주식회사의 개요는 다음과 같다. 1974년에 신일본제철이 제철설비의 설계와 환경기술 개발을 통합한 거점으로서 엔지니어링 부분을 설립하였다. 관련사무의 확대와 함께, 2006년에 신일본제철로부터 분사되는 형태로 엔지니어 부문이 ㈜신일본제철 엔지니어링으로서 발족하였다. 자본금은 150억 엔(2010년), 종업원은 계열사 3,470명(단독으로는 1,243명)이다(2010년). 구성원은 제철설비 및 환경기술 개발·설계·기획을 수행하는 엔지니어링 부대에 의해 구성된다. 제조기술과 프로세스기술, 가공기술을 겸비하고 있는 것이 특징이다. 기술개발을 통한 새로운 사업 개척, 이것이 신일본제철엔지니어링의 기업으로서 갖는 사명이다.

② 지역-산-학-관과의 연대라는 측면에 있어서, 지역기반산업과의 연대를 도모하면서 자금 및 인재 활용을 통한 효율적인 연구개발을 목표로 할 것

③ 센터 운영의 공정성 확보를 위해 공동연구, 수탁연구, 사외연구 등 지역을 향해 열린 센터를 만들 것.

현재까지 가장 중요한 연구주제는 기타큐슈시와 협력하여 '식품폐기물 에탄올' 기술을 개발하는 것이다. 앞서 소개한 바와 같이, 신일본제철하치만제철소(新日鉄八幡製鉄所)는 기타큐슈시와 100년 이상의 유대관계를 형성해 왔다. 환경재생 사업과 에코타운 건설에 집중해 온 기타큐슈시는 신일본제철에게 에코타운 사업에의 참여와 협력을 강력하게 요청했다. 이와 관련하여 신일본제철엔지니어링의 환경 솔루션사업부는 환경기술을 가지고 있으며, 환경비즈니스에 큰 관심을 보이고 있었다. 원래 기타큐슈시 안에는 세 개의 연구소가 있었다. 그러나 연구개발 인건비 및 제비용을 삭감하기 위해, 1990년대에 이 세 개 연구소를 지바현(千葉県) 훗쓰시(富津市)로 이전해 통합하는 방안이 검토되었다. 지역 최대 연구기관의 이전은 기타큐슈시의 인재형성과 연구개발에 심각한 영향을 끼쳤다. 이러한 상황에서 기타큐슈시는 신일본제철의 연구소를 지역에 존속시키고 에코타운 사업과 관련된 연구기관의 설치를 강하게 요구하였다. 신일본제철은 이 요청을 받아들여 연구개발에 종사하는 연구자를 모집해 기타큐슈환경기술연구센터를 설치하고 기술협력이라는 형태로 지역의 에코타운 사업에 참가하기로 결정하였다.

'식품폐기물 에탄올 재생 실험'이 완성된 후, 기술센터의 운영은

기술본부기술개발연구소가 물려받아 담당하고 있다. 반면 완성품의 영업과 제조 플랜트의 수출은 환경솔루션 사업부가 담당하기로 하였다. 그리고 운영자금은 크게 두 개의 자금원으로부터 공급받고 있다. 하나는 환경성 및 신에너지산업기술통합개발기구(NEDO)[74]와 기타큐슈시로부터의 공적자금이다. 이 자금은 주로 실험용 플랜트의 설치 및 연구유지비 등으로 활용되고 있다. 다른 하나는 사내연구개발로 충당하고 있다. 주로 사내에서 자체 개발한 연구테마의 추진 등에 사용된다.

기술자 인원수는 발족당시 연구자는 3명이었으나, 후에 7명으로 증원되었다. 에탄올 제조공장의 설립에 따라, 2011년 4월부터는 기술자가 12명으로 증원되었다. 기술자의 전문분야는, 처음에는 환경기술 및 바이오 기술 분야를 전문으로 하는 사람이 많았다. 그 가운데에는 학생시절부터 식품폐기물에서 에탄올을 제조하는 연구를 지속적으로 진행해 온 사람도 있다. 식품폐기물 재생에 관한 특화된 전문기술을 소유하고 있다는 사실은 연구센터의 가장 큰 강점이었다. 추후 화학·제조·가공 기술의 전문가도 추가되었다.

조직 측면에서의 과제는 첫째, 도바타(戶畑) 지역의 환경 솔루션 사업부 소관의 기술팀과 영업팀과의 연대를 강화하는 것이다. 상기 지역의 기술자와 영업 스태프들은 현재 수 백 명에 달한다. 환경기술센터와의 연대는 '식품폐기물 에탄올 재생사업'의 사업적 측면에서 중요한 의의를 갖는다. 둘째, 현재 센터의 인원은 12명이 배치되어 활동하고 있지만, 이는 활동내용으로 보면 아직 적은 수이다. 20~

---

74) 경제산업성(經濟産業省) 소관의 독립행정법인

30명을 추가하여 바이오기술 이외의 화학·제조·가공 기술 관련 기술자를 추가하는 것이 필요하다.

3) 산학연계

'식품폐기물 에탄올' 기술의 개발 과정과 관련하여, 한 가지 주목 해야 할 것은 연구개발을 둘러싸고 개방적인 산학연계를 강화한 점 이다. 환경기술센터는 설립 당시부터 일본에서 유명한 대학의 연구 기관 및 기타큐슈시 주변의 지역대학과 밀접한 협력 체제를 구축했 던 것이 주목을 받았다. 대학의 연구기관과의 공동연구에 대한 사례 를 소개하면 다음과 같다. 와세다대학의 환경통합연구센터(早稻田大 学環境総合研究センター)와는 '식품폐기물 에탄올에 따른 유효이용 시스템'을, 규슈공업대학(九州工業大学)과는 '식품폐기물에서 사용 가능한 발효물질을 생성하는 시스템'을, 도쿄대학 생산기술연구소 (東京大学生産技術研究所)와는 '증류과정에 의한 에너지절약기술(省エ ネ技術[75])'을 공동연구 작업으로 하고 있다. 쓰쿠바대학(筑波大学)과 는 '폐기물계 바이오매스로부터 수소제조기술'등을 각각 개발했다. 그 중에서 기타큐슈시에 입지한 규슈공업대학과는 인적교류를 장기 간에 걸쳐 진행해 왔다. 규슈공업대학과의 공동연구에 속한 학생 중 에서 환경기술센터에 취업한 경우도 있었다.

'식품폐기물 에탄올' 기술 개발에 성공했던 것은, 대학 연구기관 과의 공동연구로 이뤄낸 성과였다. '식품폐기물 에탄올' 기술의 개

---

75) [역자 주] 보다 적은 에너지를 이용하여 같은 경제적·사회적 효과를 얻는 것

발에 직접 관여했던 규슈공업대학의 사례를 보자. 규슈공업대학은 기타큐슈시의 에코타운이 발족하고 2년이 경과 한 1999년에 에코타운 실증연구센터(エコタウン實証研究センタ)가 문부과학성(文部科學省, 당시에는 과학기술청(科學技術庁)의 과학기술진흥조정비사업 <생활자의 요구 대응사업>의 실증실험시설로서 설립되었다. 2004년에 이 사업이 종료된 후, 건물 등의 시설이 규슈공업대학에 기부되면서 규슈공업대학 에코타운 실증연구시설(九州工業大學エコタウン實証研究施設)이 설립되었다. 2005년에는 독립 센터로서 규슈공업대학으로부터 승인을 받았다. 대학원의 생명체공학연구과 교수를 시작으로 연구원 10~15명이 배치되었다. 이 연구센터의 목적은 지역환경순환형사회(地域環境循環型社會)의 실현을 위해 규슈공업대학을 중심으로 산업－관－대학－민간의 네트워크를 통해서 신기술을 개발하고 보급시키는 것이었다.

2009년부터는 식품폐기물 에탄올 재생 기술의 개발을 위한 연구 조성금을 NEDO로부터 지원받아 신일본제철 계열의 기타큐슈 환경기술센터와 공동으로 연구를 진행했다. 규슈공업대학의 에코타운 실증연구시설은 이미 2000년경부터 음식물쓰레기를 당(糖)으로 바꾸고, 그 당화액(糖化液)을 유산 발효시켜 폴리산(polylactic acid)을 만드는 기술(100Kg의 음식물쓰레기로 5Kg의 폴리산을 만드는 기술)을 개발했다. 이 기술은 식품폐기물 에탄올 재생기술을 개발하는 데 중요한 참고가 되었다.

3. 식품폐기물 에탄올 사업의 개요

1) 실험의 목적과 운영

'식품폐기물의 에탄올재활용사업'이란 바이오매스(식품폐기물)에서 에탄올 제조기술의 개발과 사업화를 추진하는 것이다. 바이오 에탄올은 원래 옥수수, 사탕수수, 폐목재 등의 바이오매스 자원을 당분으로 발효해서 만들어지는 식물성 에탄올이다. 음식물 쓰레기 등의 바이오매스 폐기물을 원료로 사용해 에탄올을 만드는 작업이 '식품폐기물 에탄올 재활용 사업' 의중심을 이루고 있다. 생산된 바이오 에탄올을 가솔린과 혼합해서 자동차나 보일러 등의 연료로서 이용된다. 현재 일본 법률에서는 바이오 에탄올을 3%까지 혼합할 수 있다. 바이오 에탄올의 사용으로 이산화탄소 배출량을 줄이고 휘발유 사용량을 감소시켜 폐기물을 절감 할 수 있기 때문에 온난화 대책 기술로서 크게 기대되고 있다. 사업 전개의 경위는 다음과 같다.

(주)신일본제철(新日鐵) 엔지니어링·기타큐슈(北九州) 환경기술센터는 2004년부터 신에너지·산업기술종합개발기구(NEDO)의 수탁 사업인 '식품폐기물 에탄올 재활용 실험 사업' 에서, 식품폐기물에서 바이오 에탄올을 생산하는 실험을 시작했다. 즉, 음식물 쓰레기 속에 다량으로 존재하는 밥이나 빵 등의 전분성분을 소각하지 않고 액체 연료로 전환해 재활용하는 실험이다. 이 실험에서는 동 사업에서 생산한 바이오 에탄올을 3% 혼합한 가솔린(E3 가솔린)을 생산해서 기타큐슈시의 공용차나 지역 기업의 업무차량 등에 공급해 차량의 주행시험을 실시하는 것이다. 식품 폐기물의 회수는 두 가지

경로를 통해 이루어진다. 먼저, (주)신일본제철 엔지니어링은 기타큐슈시에 소규모 배출업자, 시범초등학교, 병원으로부터 식품폐기물의 분리수거, 일반가정음식물 쓰레기의 분리수거를 위탁한다. 또한 대규모 사업자의 음식 폐기물을 분리수거는 민간기업에게 위탁되는데, 기타큐슈시의 경우는 2실분별수집차(2氏津分別收集車)라는 특수차량을 소유하는 (주)니시하라상사가 그 역할을 담당하고 있다(그림1)

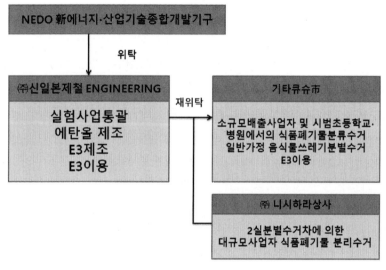

자료: 회사자료

<그림 1> 식품폐기물 에탄올 재활용 실험 추진체제

이상과 같은 방법을 통해서 1일 약 10톤 정도의 음식물 쓰레기가 수거된다. 그리고 10톤의 음식물 쓰레기로부터 약 500 리터의 에탄올이 생산된다. 일반적으로 음식물 쓰레기 무게의 70%~80%정도는 수분이기 때문에 10 톤의 음식물 쓰레기는 실질적으로 2~3톤의 무

계밖에 안 된다. 기타큐슈시에서 발생하는 연간 음식물 쓰레기양은
약 59,000톤이므로 바이오 에탄올은 약 2,242톤 생산할 수 있다는
계산이 된다. 따라서 재활용비율은 결코 낮은 수준이 아니다.

이러한 이유로 기타큐슈시는 2005년에 '식품폐기물 에탄올재활용
사업'의 계획을 수립하고 2012년까지 실험을 실시해 왔다. 실험의 구
체적인 내용은 표 1과 같다. 2013년 식품폐기물 에탄올기술의 개발
을 완료하고 영리사업을 목적으로 시범적인 에탄올생산과 함께 영업
활동을 개시했다. 현재는 효율적인 사업모델의 구축에 한창이다.

<표 1> 식품폐기물 에탄올실험의 개요

사업명칭	식품폐기물 에탄올재활용시스템
시설설치장소	2실분별수집차; (주)西原商事보유(2대) 에너지전환설비: (주)기타큐슈 Eco Energy E3혼합설비: (주)신일본제철 엔지니어링 E3급유설비: (주)신일본제철 엔지니어링
처리규모	식품폐기물 12t/日(음식물 쓰레기 10t/日) 사업 일반폐기물, 병원·초등학교급식잔류 가정 일반폐기물
발생 에너지	에탄올 약 400L/日
에너지 이용장소	기타큐슈시내의 사업용 자동차, 산업폐기소각로

출처: 회사자료

2) 제조공정

에탄올 생산 공장은 (주)신일본제철 엔지니어링이 출자해서 설립
한 쓰레기 소각장(㈜기타큐슈 Eco Energy)의 부지 내에 위치하고
있다. 제조 공정을 개관하면 다음과 같다(그림 2참조).

① 식품폐기물의 수집 운반

1일 평균 10t(건조중량으로 약 2.9t)의 음식물 쓰레기가 기타큐슈시 지자체를 통해 시내의 소규모 배출업자, 초등학교, 병원, 일부 일반 가정에서 분리 수거된다.

② 사전처리 공정

음식물 쓰레기에 포함되어 있는 플라스틱이나 종이 등을 선별한다. 그 다음에 밥이나 빵 등의 전분성분을 추출한다.

③ 당화(糖化) 공정

전분성분이 포함된 음식물 쓰레기에 효소를 넣어 포도당으로 만든다. 당분성분으로의 전환기술은 대학의 연구기관과 공동연구를 통해 개발되었다.

④ 고액(固液)분리 공정

에탄올의 원료인 포도당을 물에 녹여 당화 액을 만든다. 한편, 고기 및 야채 등은 고형분의 잔류물로 인접의 용융로에서 소각처리 되는 과정에서 열에너지를 회수해 다음 발효공정(가열 작업)에 재사용한다.

⑤ 농축·발효 공정

당화 액의 농축과정을 통해 발효장치에 공급된다. 발효공정이란 포도당을 에탄올로 바꾸는 공정이다. 효모라는 미생물이 당화 액을 먹고 그 대사 물질로서 에탄올이 생성된다. 기술 혁신 면에서는 대학과의 공동연구로 개발된 연속발효기술을 응용하여 발효의 효율성을 크게 높일 수 있었다. 미국과 브라질의 발효공정에서는 종전의 24시간에서 5시간으로 작업시간이 단축되었다. 발효공정이 완료되면 5%의 에탄올 발효액이 생산된다.

⑥ 증류 공정

에탄올을 순화시키는 공정이다. 증류공정에서는 95%의 물과 5%의 에탄올로 구성된 에탄올 발효액에 열을 가해 에탄올을 물에서 분리한다. 증류공정을 통해 순도 99.5%의 에탄올이 생산된다. 1일 평균 생산량은 약 400L이다.

⑦ 에너지 최종이용

순화 된 에탄올을 3% 가솔린(E3 가솔린)에 혼합시킨다. E3 가솔린은 기타큐슈시의 공용차와 기업의 업무용 차량 등에 공급된다.

⑧ 에탄올 이외의 식품폐기물 중의 식물성 기름과 동물성 기름에서 약 700kg/日의 회수 기름(A중유 상당)도 생산하고, 회수된 기름을 포함하면 높은 에너지 회수율이 달성되었다.

이상으로 사업 개요의 핵심을 정리하면 다음과 같다. 첫째로 기타큐슈시 주변에서 수집 한 식품 폐기물을 파쇄하고 가수(加水) 및 효소를 첨가해서 폐기물에 포함된 전분성분을 당분성분으로 전환하는 과정에서 효모에 의한 발효를 통해 바이오 에탄올이 생산된다. 둘째이 에탄올을 가솔린에 3%이하의 비율로 혼합해서 E3 가솔린을 제조하고 시험 참가자 (기타큐슈시 공용차 등)의 차량에 이용하고 있다.

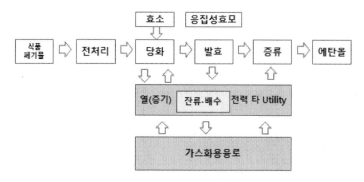

시스템의 특징

①식품폐기물 중의 당분에 착목
②고효율의 에탄올발효
③인접용융로부터 저압증기·값싼 전력을 공급
④인접용융로에서 프로세스잔류·배수의 처리,열 회수가 가능

<그림 2> 에탄올의 제조공정

4. 지역연계의 의의

이상으로 '식품폐기물 에탄올 재생사업'의 사례 분석을 통해 다음
과 같은 시사점을 얻었다. 첫째, 이 사업의 성공은 중앙정부의 적극
적인 지원이 있었다. 우선 자금 면에서 막대한 실험시설의 건축 및
설비투자비용은 환경성과 NEDO의 공적자금을 통해 조달 되었다.
신일본제철 계열의 기타큐슈 환경기술센터뿐만 아니라 큐슈공업대
학의 에코타운 실증연구 센터 등 '식품폐기물 에탄올'기술의 연구개
발사업에 관여 모든 대학의 연구기관도 환경부로부터 자금지원을

받았다

둘째, 음식물 쓰레기의 분리수거 및 완제품의 이용이라는 측면에서 기타큐슈시 자치 단체와 시민들의 역할이 컸다. 기타큐슈시에 의한 쓰레기 수집·운반이라는 입구전략에서 기타큐슈시공무차량 및 기업 업무용 차량의 공급에 이르는 출구전략까지 지역사회의 지원이 필수적이다. 식품폐기물의 수집 단계에서 학교, 병원과 일반 가정에 분리수거가 요구되지만, 시민단체의 자발적인 참가와 협력, 지방자치 단체의 조직력이 없었더라면 이러한 저비용의 분리수집 방식은 성립할 수 없다. 또한 지역 내의 공무차량 및 기업 업무용 차량에 바이오 에탄올을 혼합한 휘발유(E3)의 일정부분 이용을 의무화 하는 정책이 없었더라면 제품의 판로 확보가 어려웠을 것이다. 이 사업의 성격 및 운영 과정에서의 강한 공공성이 존재했다는 사실은 분명하다.

셋째 이 사업의 성공을 기술적인 측면에서 지탱한 것은 우수한 기술자의 존재와 개방적인 산학 연계 체제이다. 우선 장기간에 걸쳐 축적 된 철강 생산 기술, 특히 용광로 기술 및 가열 기술 및 열 회수 기술 등은 (주)신일본제철 엔지니어링 기술자를 통해 폐기물의 처리 및 재활용 과정에서 활용되었다. 바이오 에탄올의 제조 공정에서 살펴보았듯이 가열 기술과 화학 반응 촉진 기술은 핵심적인 기술이었다. 또한 기술개발과 관련해서 대학과의 공동 연구는 중요한 역할을 담당했다. 최신예의 연속발효기술의 개발은 그 대표적이다.

마지막으로 이 사업을 영리사업으로 성장·발전시키기 위해서는 지역과 기업과의 연계활동이 필수적이다. 그림 3과 같이, 음식물 쓰레기의 분별 수집→재활용→재이용 과정은 '수집·운반 시스템', '에너지 전환·이용 시스템'과 '에너지 재활용 시스템'으로 구성되지만, 운영은 지역과 기업이 연계하는 복합적인 사업으로 연계되어 있다. 즉 쓰레기 분리 수집의 확보라는 입구전략과 E3석유 이용 등 판로의 보장이라는 출구전략은 지역사회에 의해서 유지되고 개발과 생산은 기업이 담당하는 일종의 역할분담이 명확하다는 것이다.

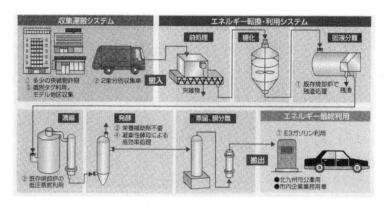

<그림 3> 원료 수집, 생산 판매 과정

　　지역과 기업의 유기적인 협동체제의 확립은 식품폐기물 에탄올 사업이 존립·성공 할 수 있었던 근거로 작용했다. 현재 이 사업은 지산지소(地産地消)·지역순환　에너지이용(地域循環型エネルギー利用)의 성공 사례로 타 지역으로 확산될 것으로 기대된다. (주)신일본제철 엔지니어링은 이미 식품폐기물 에탄올 플랜트를 상품으로 개발해 국내에서 처음으로 지자체 및 대규모 음식물 쓰레기 배출자를 대상으로 영업활동을 전개하고 있다. 향후, 지역사회와 기업과의 연계 및 역할분담을 통한 식품폐기물 에탄올사업의 운영이라는 기타큐슈 에코타운의 경험은 매일 음식물 쓰레기를 대량으로 배출하는 일본 각지의 주요 대도시에 많은 시사점을 주었다고 생각된다.

5. 결론

본 논문에서는 환경 비즈니스와 지역 사회와의 관계를 (주)신일본 제철 엔지니어링의 기타큐슈 환경기술센터에 의해 진행된 식품폐기 물 에탄올 재생사업의 사례를 대상으로 분석했다. 본 연구가 주는 시사점은 다음과 같다.

우선 자금 면에서 실험시설과 설비투자 비용의 대부분은 환경성 과 NEDO의 공적자금으로 충당되었다. 다음으로 음식물 쓰레기의 수집 및 완제품의 이용이라는 측면에서 기타큐슈시 지자체와 지역 주민을 포함한 '지역사회' 는 커다란 역할을 담당했다. 특히 기타큐 슈시에 의한 쓰레기 분리수거 · 운반이라는 입구전략에서 기타큐슈 시 공용 차량 · 기업 업무용 차량의 공급에 이르는 출구전략까지 지 방자치단체, 지역주민의 지원이 필수적이다.

시민들의 자발적인 협력을 통한 음식물 쓰레기의 분리수거는 저 비용 수집방식의 대표적인 사례이며, 재활용 사업의 실용화를 지탱 하는 가장 중요한 요소이다. 이렇게 쓰레기 수집의 확보라는 입구전 략과 판로의 보장이라는 출구전략은 '지역사회'에 의해서 유지되고 개발과 생산은 기업이 담당하는 지역사회와 기업이 협동체제가 작 동하는 하나의 모범적인 사례가 된다. 다시 말해서 쓰레기→재활용→ 재사용 과정은 지역사회와 기업이 연계하는 복합적인 사업으로 특 징져진다. 또한 동 사업의 성격 및 운영 프로세스는 강한 공공성을 가지고 있다. 그러나 최근 석유 가격의 대폭적인 하락은 석유 대체에너지 개발과 이용의 방해 요인으로 등장한 가운데, 지역과 기업과의 협동에 의한 식품 폐기물 에탄올 사업의 귀추가 주목된다. 지구 온난화 방지를 위한 신재생에너지의 이용이라는 환경 사업의 공공성은 현실에 격동하는 경영 환경에 대해서 기업과 지역 사회가 어디까지 책임을 질 수 있는지 향후 그 동향을 주목하고자 한다.

부록

부산, 경남의 산업과 노동

정명자

1. 부산·경남지역 산업발전 개관

한국의 공업입지 정책은 초기에는 산업 입지의 우위성이 있는 대도시에 경공업이 발달하고, 대규모의 원료 수입과 상품 수출·입이 용이한 항구를 중심으로 중화학공업이 발달했으며, 국토 균형개발을 위한 농공단지가 농어촌을 중심으로 발달하였다. 이것은 크게 도시지역 공업 개발기(1961~1970년대 중반), 임해지역 공업 개발기(1970년대 중반~1980년대 중반), 농촌지역 공업 개발기(1980년대 후반 이후)의 3단계로 나눌 수 있다(이학원, 2002) 부산,경남의 산업도 국가 정책에 따라 변화한 것으로 나타나는데 특징적인 것은 부산의 경우 도시지역 공업 개발기에 집중적으로 산업이 발전하였고 경남지역은 임해지역 공업개발기에 중화학공업 중심지로 급속히 발전하였다.

- 부산의 산업화

1960년대 한국의 공업은 전통적인 소비재 생산지역인 서울, 부산, 경북을 중심으로 한 수도권과 남동권의 대도시에서 섬유, 석유정제, 식료품, 전기전자, 산업용 화합물, 제 1차 철강, 의복, 운수장비, 담배, 기타화학, 식료품 등의 생산을 주종으로 한 수출 지향적 경공업이 발전하고 있었다. 그러다 제 1차 경제개발 5개년 계획이 시작된 이후, 국토건설 종합계획법 제정과 특정지역 개발, 수출산업 공업단지 조성과 수출자유지역 설치법(1970)에 의한 마산수출자유지역이 조성되었고, 제2차 경제개발 5개년 계획기간(1967~1971)에 부산권의 사상공업단지(북구 감천동), 마산수출자유지역이 건설되었다(이학원, 2002).

부산의 제조업은 1970년대 중반까지 노동집약적 경공업을 중심으로 비약적으로 성장, 우리나라의 경제성장을 주도했다. 1970년대에 부산 제조업의 핵심 산업은 합판제조업이었다. 그러다가 1980년대로 들어서면 신발산업을 비롯해 섬유·의복, 조선, 철강 등이 소위 4대 주종산업으로 등장하게 된다. 그러나 한국경제가 중화학공업화를 본격화하기 시작한 1970년대 중반 이후 부산의 제조업은 우리나라에서 성장의 엔진으로서의 기능을 상실하기 시작했다. 1970년대 중반, 창원·울산 등의 경남권 주요지역이 중화학공업의 메카로 자리 잡기 시작한 바로 그 때, 부산은 중화학공업화정책에 의한 정부지원에서 소외되기 시작함으로써 제조업 기지로서의 기능을 서서히 상실해갔다(권기철, 2006).

1960년대 초의 경제개발계획의 시대에 개발 우선지역으로 성장의 혜택을 누린 부산시는 경공업을 중심으로 한 노동집약적 산업에 기초하여 주변 농촌지역의 노동력을 유인하였고 이는 인구의 급속한 증대를 가져오게 했다(황영우, 2000). 그 당시 항만, 철도, 도로 등 사회간접자본과 노동시장 조건을 어느 정도 갖춘 곳은 경인지역과 부산 밖에 없었으므로 부산이 노동집약적 산업의 중심지가 되어 인근 지역뿐만 아니라 충청도, 전라도 등지의 농촌에서 젊은 노동력이 지속적으로 유입되면서 부산은 급팽창하여(임정덕, 2000), 1980년에는 인구가 300만 명이 넘는 대도시로 성장하였다(부산시청). 하지만 1980년대에 접어들면서 부산경제는 2차 오일파동을 계기로 정부주도형 중화학공업 중심의 산업정책에서 소외되었으며, 경제 환경 변화에 능동적으로 대처하지 못하여 지역 경제력의 전국 비중이 계속 하락하였다(유영명 외, 2011).

부산의 제조업 환경의 악화는 많은 부산 제조업체의 탈부산을 야기하여 1989년부터 1993년까지 매년 100개 내외의 기업이 타 지역으로 이전하였으며, 1994년부터는 좀 더 많은 수의 기업이 이전하였다. 이러한 역외 이전은 1997년을 정점으로 하여 IMF경제위기를 맞아 다소 둔화되었으나, 경기가 호황을 누리던 2000년 이후 다시 크게 늘어나고 있다. 이전지역은 부산과 직접 면해 있는 김해와 양산이 73퍼센트로 절대적 비중을 차지했다(권기철, 2006). 지속적인 지역경제의 하락 속에서 1996년 성장관리도시에서 제외되어 10대 전략산업을 마련하는 한편, 기업의 역외이전을 방지하기 위하여 녹산국가산업단지 조성을 비롯한 산업입지 여건을 개선하는 등 지역경제를 회복시키기 위한 다각적인 방안을 강구하고 있다(유영명 외, 2011).

- 경남의 산업화

부산이 제조업 발전에 한계를 맞이하던 시기에 정부가 비도시지역이었던 남해안 일대에 창원기계공단, 마산수출자유지역, 울산석유화학공단, 죽도산업기지, 온산공단, 옥포산업기지 등을 개발하면서 남동해안에 중화학공업지대가 형성되었다. 제1차 국토 종합개발 10개년 계획(1972~1981)시기에 조성된 이 공업단지들에는 제철·정유·석유화학·기계·조선·화학공업등 공업화의 기간이 되고, 경제발전의 선도적 역할을 담당하는 산업들이 육성되었다(이학원, 2002).

이때부터 경남지역은 우리나라 중화학공업의 중심지로 비약적인 발전을 하게된다. 창원이 기계산업, 울산이 석유화학·자동차·조선 산업에 특화되었으며, 경남지역은 정부가 추진하는 중화학공업 정책의 중심으로서 한국 제조업 성장의 견인차 역할을 하게 되었다. 이와 함께 김해, 양산 등지에도 부산에서 이전한 기업체를 비롯하여 창원, 울산의 대기업과 투입－산출 관련을 맺는 기업들이 입지함으로써 경남의 제조업은 급속히 성장하였다. 그리하여 경남권의 광공업종사자수는 1970년에 6만3천 명에 불과했으나 1973년에 10만 명을 넘어서고, 1978년에 22만 명, 1984년에 30만 명 등으로 증가하였다(권기철, 2006). 경남도의 인구는 2010년에 약 320만 명을 초과하고 있고, 약간씩 성장세를 유지하고 있다. 1차 산업과 3차 산업의 종사자수의 비율은 해마다 줄어드는 경향을 보이고 있는 반면, 제조업 종사자 수의 비중은 늘고 있다. 절대 종사자 수는 1차 산업을 제외하고는 날로 증가하고 있다(송부용, 2013).

- 부산, 경남의 인접성

1960년 부산·경남권의 지역총생산액(GRP)이 전체 생산액에서 차지하는 비중은 18.0%로 수도권, 서울 다음으로 높은 비중을 차지하고 있다. 이후 1980년에 16.4%로 떨어졌다가 1980년대 이후 총생산액의 비중이 18.7%로 높아진다. 이는 남동임해 공업단지의 조성에 기인하는 것이라고 볼 수 있다. 부산·경남권의 경우만 보면 1994년에는 부산의 비중이 다소 낮아지지만 경남의 경우, 제조업부가가치의 비중이 1980년 15%에서 1994년 21%로 크게 높아져서 지역 총생산액 규모에서 수도권과 부산·경남권의 양극화된 공간구조로의 변화양상을 보여준다. 1960년대 이후 취업자 수의 변화를 보아도 취업자의 비중이 수도권으로 집중되고 대부분의 지역은 취업자 비중이 큰 폭으로 감소하지만 부산·경남권은 미미한 감소를 보이긴 하지만 수도권 다음으로 높은 취업자 비중을 보여준다(이학원, 2002).

부산과 경남지역은 인접지역으로서 먼저 부산이 1960년대에서 1980년대까지 우리나라 경제발전의 중추 역할을 하였고 이어 1990년대에는 부산이 주종산업의 침체와 새로운 대체산업의 부재로 경제적 활력을 잃어가는 사이에, 경남지역이 산업화를 심화시켜 나갔다. 우리나라처럼 중요한 정치 경제적 기능, 소위 중추관리기능이 수도에 집중되어 있는 체제에서는 수도권 이외 각 지역의 핵심적인 경제적 능력은 제조업에서 나오는데, 90년대 이후 부산은 제조업 공동화로 경제침체에서 벗어나지 못하고 있다(권기철, 2006).

이에 비해 경남지역은 창원기계공업단지 등 국가공업단지에 조선, 조립금속, 기계 및 장비등 기간산업을 적극 유치함으로써 우리나라 중공업의 중심지를 유지하며, 1997년 전국 광공업 생산액에서 9.3%를 차지하여 경기, 울산, 경북에 이어 전국 4위를 차지하면서 공업도시의 위치를 유지하고 있다(송부용, 2000).

2. 부산, 경남의 산업구조와 노동시장

1) 산업구조

(1) 전체산업구조

부산 지역의 산업구조 비중을 경제활동별 지역내총생산으로 살펴보면, 2012년 기준으로, 3차 산업(서비스업) 79.9%, 2차 산업(광공업) 18.9%, 1차 산업(농림어업) 1.1%를 차지하였다. 이러한 산업구조는 2001년부터 그렇게 큰 차이 없이 유지되고 있다. 경남 지역의 산업구조 비중을 경제활동별 지역내총생산으로 살펴보면, 2012년 기준으로, 3차 산업(서비스업) 50.1%, 2차 산업 (광공업) 45.1%, 1차 산업(농림어업) 4.2%를 차지하고 있다. 이러한 산업구조는 1차 산업의 경우 2001년부터 비중이 꾸준히 감소하였고, 2차 산업은 증가하였으며, 3차 산업은 그렇게 큰 차이 없이 유지되고 있다. 부산과 경남을 비교해 보면 1차 산업에서는 부산보다 경남이 높으며, 3차 산업은 부산이 20%가까이 높으며, 2차 산업은 경남이 부산에 비해 2배이상 높다. 부산과 경남의 전체 산업구조는 부산은 서비스업이 경남은 제조업이 발달해 있다고 볼 수 있다(<표1> 참조).

단위: %

	1차산업(농림어업)		2차산업(광공업)		3차산업(서비스업)	
	부산	경남	부산	경남	부산	경남
2001	1.7	8.2	18.7	39.1	79.6	52.6
2002	1.5	6.7	18.3	38.8	80.3	54.5
2003	1.6	6.2	15.6	37.2	82.8	56.6
2004	1.3	6.5	16.3	39.3	82.5	54.2
2005	1.1	5.8	17.2	41	81.7	53.3
2006	0.9	5.5	17.5	41.2	81.6	53.3
2007	0.9	4.8	17.5	43.6	81.6	51.6
2008	0.9	4.4	19	46.1	80.1	49.6
2009	1.1	4.4	18.6	45.8	80.2	49.8
2010	1.1	4.4	19.5	46.1	79.4	49.4
2011	1.2	4.2	19.7	46.1	79.1	49.6
2012	1.1	4.2	18.9	45.1	79.9	50.1

주: 경제활동별 지역내총생산으로 계산
자료: 통계청

    부산지역의 산업별 취업자로 산업구조 변화를 살펴보면, 2012년의 경우, 3차 산업 81.1%, 2차 산업 17.9%, 1차 산업 1.0%를 차지하고 있다. 3차 산업 비중은 경제활동별 지역내총생산을 근거로 한 산업구조 보다 취업자 기준의 산업구조가 1.7%포인트 더 높다. 2001년부터 2012년까지 취업자 변화 추이를 보면, 2차 산업의 비중이 점점 줄어든 반면, 3차 산업의 비중이 6% 가량 늘어났다. 경남지역의 산업별 취업자로 산업구조 변화를 살펴보면, 2012년의 경우, 3차 산업 62.5%, 2차 산업 26.6%, 1차 산업 11.0%를 차지하고 있다. 3차 산업 비중은 경제활동별 지역내총생산을 근거로 한 산업구조 보다 취업자 기준의 산업구조가 12% 가량 더 높다. 2001년부터

2012년까지 취업자 변화 추이를 보면, 1차 산업의 비중은 꾸준히 줄어들고 있고, 2차 산업은 조금씩 꾸준히 증가하고 있다. 3차 산업은 60% 대 전후로 큰 변화 없이 유지되고 있다(<표2> 참조).

<표2> 부산·경남지역의 산업별취업자추이

(단위: 천명,%)

구분	합계(전체산업)		1차산업(농림어업)		2차산업(광공업)		3차산업(서비스업)	
	부산	경남	부산	경남	부산	경남	부산	경남
2001	1,645	1,380	31(1.9)	249(18.0)	372(22.6)	313(22.7)	1,241(75.4)	818(59.2)
2002	1,704	1,402	29(1.7)	239((17.0)	365(21.4)	319(22.8)	1,310(76.9)	845(60.3)
2003	1,610	1,445	32(2.0)	248(17.2)	324(20.1)	341(23.6)	1,255(78.0)	857(59.3)
2004	1,612	1,471	30(1.9)	239(16.2)	301(18.7)	339(23.0)	1,281(79.5)	894(60.8)
2005	1,624	1,471	25(1.5)	238(16.2)	295(18.2)	330(22.4)	1,304(80.3)	903(61.4)
2006	1,628	1,483	24(1.5)	227(15.3)	301(18.5)	333(22.5)	1,303(80.0)	923(62.2)
2007	1,616	1,502	24(1.5)	218(14.5)	298(18.1)	342(22.8)	1,294(80.1)	943(62.8)
2008	1,597	1,531	11(0.7)	217(14.2)	289(18.1)	377(24.6)	1,297(81.2)	938(61.3)
2009	1,569	1,520	10(0.6)	191(12.6)	275(17.5)	387(25.5)	1,284(81.8)	942(62.0)
2010	1,574	1,533	12(0.8)	186(12.1)	270(17.2)	407(26.5)	1,292(82.1)	939(61.3)
2011	1,574	1,581	12(0.8)	183(11.6)	287(18.2)	409(25.9)	1,275(81.0)	989(62.6)
2012	1,628	1,588	16(1.0)	174(11.0)	291(17.9)	422(26.6)	1,320(81.1)	993(62.5)

주: ()안은 비율
자료:통계청(KOSIS)

(2) 제조업

2012년을 기준으로 종업원 10인 이상의 부산과 경남지역 제조업을 전국과 비교해 보면 업체 수는 4,233개, 종사자 수는 138,494명, 출하액은 41.9조 원, 부가가치는 13.6조 원이다. 전국 대비 비중은 각각 6.6%, 5.0%, 2.8%, 3.6%인데, 업체 수에 비해 종사자 수, 출하액, 부가가치가 전국 대비 비중이 더 작은 것에서 부산지역 제조업

업체들이 영세함을 알 수 있다. 이것은 업체당 종사자 수, 업체 당 출하액과 부가가치나 종사자 1인당 출하액과 부가가치를 봐도 알 수 있다. 부산지역 업체당 종사자 수는 33명이지만, 전국의 경우 43명이고, 업체당출하액도 각각 235.9억 원, 9.2억 원이며, 부가가치도 각각 75.2억 원, 32.1억 원이다. 종업원 1인당 출하액도 부산은 3억 원이나, 전국은 5.5억 원이고, 부가가치는 각각 1억 원, 1.7억 원이다.

2012년을 기준으로 종업원 10인 이상의 경남지역 제조업 업체 수는 6,774개, 종사자 수는 340,667명, 출하액은 151.3조 원, 부가가치는 50.4조 원이었는데, 전국 대비 비중은 각각 10.6%, 12.4%, 10%, 10.5%이다. 업체당 종업원 수, 업체 당 출하액과 부가가치나 종업원 1인당 출하액과 부가가치를 전국과 비교하면, 경남지역 업체당 종업원 수는 50명인데, 전국의 경우 43명이고, 업체당출하액은 전국은 235.9억 원, 경남은 223.3억 원이었으며, 부가가치도 각각 75.2억 원, 74.5 억원으로 전국에 크게 뒤지지 않는다. 종업원 1인당 출하액도 경남은 4.4억 원, 전국은 5.5억 원이었고, 부가가치는 각각 1.5억 원, 1.7억 원으로 큰 차이가 없다(<표3> 참조).

<표3> 전국/부산·경남제조업비교(2012년기준)

(단위: 개, 명, 백만원)

구분	사업체수	종사자수	출하액	부가가치	업체당		1인당	
					출하액	부가가치	출하액	부가가치
전국	63,907	2,753,684	1,507,834,212	480,712,652	23,594	7,522	548	175
부산	4,233	138,494	41,984,460	13,601,938	9,918	3,213	303	98
경남	6774	340,667	151,316,432	50,457,527	22,337	7,448	444	148

주:10인이상업체기준
자료:통계청(KOSIS)

부산지역과 경남지역의 제조업 사업체 규모별 비중을(<표4>참조) 살펴보면 부산은 1-4명 규모의 사업체가 70.01%, 로 전국 63.45% 보다 6%이상 높은데 반해 100명이상 업체는 전국 1.14%에 훨씬 못 미치는 0.71%에 머물고 있다.

경남은 부산과 다르게 1-4명 규모의 사업체가 57.72%로 전국 비 중보다 5%이상 낮은 반면, 100명 이상 규모는 4.48%로 전국의 3배 이상이다. 이것을 통해 부산은 10인 미만의 영세기업이 전체 지역에 비해 높고 경남에는 100인 이상의 규모가 큰 사업체가 다른 지역에 비해 집중되어 있음을 알 수 있다(<표4>참조).

<표4>사업체 규모별 비중

(단위: 개)

	전국		부산		경남	
	사업체수	비율	사업체수	비율	사업체수	비율
계	360,394	100	27,475	100	29,854	100
1 - 4명	228,682	63.45%	19,234	70.01%	17,231	57.72%
5 - 9명	67,801	18.81%	4,077	14.84%	5,711	19.13%
10 - 19명	32,012	8.88%	2,347	8.54%	2,943	9.86%
20 - 49명	21,778	6.04%	1,276	4.64%	2,692	9.02%
50 - 99명	6,009	1.67%	350	1.27%	726	2.43%
100 - 299명	3,425	0.95%	168	0.61%	463	1.55%
300 - 499명	372	0.10%	10	0.05%	46	0.15%
500 - 999명	194	0.05%	9	0.03%	23	0.08%
1000명 이상	121	0.03%	4	0.01%	19	0.06%

자료: 통계청, 전국사업체조사

부산 지역의 제조업을 업종별로 상세히 살펴보면, 업체 수 기준으로 상대적으로 높은 비중을 차지한 업종은 금속가공제품(17.2%), 기타기계 및 장비(16.7%)이며, 종업원 수 기준으로는 기타기계 및 장비(14.8%), 금속가공제품(13.2%)이다. 출하액은 1차 금속제품(19.5%), 자동차 및 트레일러(13.9%), 기타기계 및 장비(12.8%)가 상대적으로 높은 비중을 차지하고 있으며, 부가가치는 기타기계 및 장비(15.6%), 금속가공제품(13.9%), 자동차 및 트레일러(11.1%)등이 높은 비중을 차지한다(<표5> 참조).

<표5> 부산지역 제조업 업종별 현황(2012년 기준)

(단위: 개, 명, 백만원, %)

구분	업체 수	비중	종사자 수	비중	출하액	비중	부가가치	비중
제조업	4,233	100	138,494	100	41,984,460	100	13,601,938	100
음식료품	255	6.0	9,014	6.5	2,378,027	5.7	839,060	6.2
섬유	213	5.0	6,742	4.9	1,244,869	3.0	441,471	3.2
의복 및 모피	279	6.6	8,606	6.2	901,017	2.1	451,541	3.3
가죽 및 신발	263	6.2	6,528	4.7	993,009	2.4	356,378	2.6
목재 및 나무제품	33	0.8	864	0.6	221,165	0.5	65,447	0.5
펄프, 종이제품 및 석유제품	48	1.1	1,008	0.7	180,570	0.4	70,533	0.5
인쇄 및 기록매체 복제	55	1.3	888	0.6	98,001	0.2	46,511	0.3
코크스 및 석유제품	10	0.2	306	0.2	573,061	1.4	74,618	0.5
화학물질·화학	63	1.5	2,816	2.0	1,455,481	3.5	442,246	3.3
의약품	10	0.2	349	0.3	107,413	0.3	69,218	0.5
고무 및 플라스틱제품	300	7.1	10,291	7.4	2,056,040	4.9	725,689	5.3
비금속광물제품	62	1.5	1,345	1.0	559,698	1.3	197,240	1.5
1차 금속제품	295	7.0	11,001	7.9	8,197,971	19.5	1,759,795	12.9
금속가공제품	727	17.2	18,243	13.2	5,024,023	12.0	1,886,985	13.9
전자부품·컴퓨터·영상음향 및 통신장비	55	1.3	6,184	4.5	1,729,624	4.1	742,679	5.5
의료·정밀 및 광학기기	78	1.8	2,796	2.0	520,242	1.2	333,627	2.5

전기장비	254	6.0	7,773	5.6	1,976,797	4.7	659,775	4.9
기타기계 및 장비	706	16.7	20,566	14.8	5,388,150	12.8	2,121,923	15.6
자동차 및 트레일러	245	5.8	11,632	8.4	5,840,994	13.9	1,506,925	11.1
기타 운송장비	148	3.5	8,596	6.2	2,008,383	4.8	607,970	4.5
가구	60	1.4	1,550	1.1	346,991	0.8	111,736	0.8
기타 제품	60	1.4	1,396	1.0	182,934	0.4	90,571	0.7

주: 10인 이상 업체 기준
자료: 통계청(KOSIS), 전국사업체조사

경남지역 산업을 제조업 업종별로 자세히 살펴보면, 업체수에서 상대적으로 높은 비율을 차지하는 업종은 기타기계 및 장비가 20.3%로 가장 많고, 다음은 금속가공제품 17.9%, 기타 운송장비가 10.3%이다. 종사자수는 기타 운송장비가 24.9로 가장 큰 비중을 차지하며 기타기계 및 장비가 16.9%, 금속가공제품이 13.3%를 차지하고 있다. 출하액은 기타 운송장비가 28.81%로 높은 비율을 차지하고, 기타기계 및 장비가 18.01%, 금속가공제품이 11.84%로 높은 비율을 보이고 있다. 부가가치 비율은 출하액과 조금 차이가 나는데, 기타운송장비 25.23%, 금속가공제품 18.64%, 기타기계 및 장비 17.62%를 나타내고 있다(<표6> 참조)

<표6> 경남지역 제조업 업종별 현황(2012년 기준)

(단위: 개, 명, 백만원, %)

구분	업체 수	비중	종사자 수	비중	출하액	비중	부가가치	비중
제조업	6,774	100	340,667	100	151,316,432	100	50,457,527	100
식료품	374	5.5	15,990	4.7	5,932,455	3.92	2,008,791	3.98
음료	31	0.5	1,601	0.5	1,225,647	0.81	630,584	1.25
섬유	171	2.5	5,194	1.5	1,117,810	0.74	342,432	0.68
의복 및 모피	24	0.4	888	0.3	102,633	0.07	46,747	0.09
가죽 및 신발	27	0.4	942	0.3	203,084	0.13	72,163	0.14
목재 및 나무제품	70	1.0	1,502	0.4	256,954	0.17	106,548	0.21

펄프, 종이제품 및 석유제품	109	1.6	3,763	1.1	1,730,126	1.14	509,748	1.01
인쇄 및 기록매체 복제	32	0.5	X	0.0	X		X	
코크스 및 석유제품	17	0.3	380	0.1	347,022	0.23	118,877	0.24
화학물질·화학	155	2.3	4,263	1.3	1,933,721	1.28	607,540	1.20
의약품	8	0.1	332	0.1	74,455	0.05	42,453	0.08
고무 및 플라스틱제품	498	7.4	24,785	7.3	7,376,718	4.88	2,646,210	5.24
비금속광물제품	249	3.7	7,019	2.1	2,049,131	1.35	817,997	1.62
1차 금속제품	399	5.9	19,037	5.6	10,848,346	7.17	2,310,528	4.58
금속가공제품	1,215	17.9	45,387	13.3	17,910,219	11.84	9,406,033	18.64
전자부품·컴퓨터·영상음향 및 통신장비	128	1.9	8,155	2.4	3,656,706	2.42	860,826	1.71
의료·정밀 및 광학기기	111	1.6	4,604	1.4	1,361,862	0.90	480,072	0.95
전기장비	320	4.7	18,848	5.5	8,674,527	5.73	2,933,244	5.81
기타기계 및 장비	1,372	20.3	57,667	16.9	27,251,308	18.01	8,889,272	17.62
자동차 및 트레일러	655	9.7	31,357	9.2	13,987,052	9.24	4,097,179	8.12
기타 운송장비	701	10.3	84,751	24.9	43,591,367	28.81	12,730,767	25.23
가구	64	0.9	1,970	0.6	579,012	0.38	171,384	0.34
기타 제품	42	0.6	1,065	0.3	191,674	0.13	91,716	0.18

주: 10인 이상 업체 기준
자료: 통계청(KOSIS), 전국사업체조사

2) 고용구조

(1) 산업별 취업 현황

부산과 경남, 전국의 취업자 수를 비교하면, 제조업은 17.80%, 25.46%, 16.51%로 부산과 경남 모두 전국보다 높지만 부산은 1.29%, 경남은 7.66% 차이가 나 전국과 부산 간 차이에 비해 전국과 경남 간에는 차이가 크게 나타난다. 부산은 전국, 경남에 비해 도매 및 소매업, 운수업에서 높은 비중을 차지한다. 서비스업 취업자수 비율은 전국에 비해 약 3%로 경남에 비해 약 7% 높다. 경남은 농림, 어업, 광업 취업자수는 전국에 비해 약 5%, 부산보다는 약 11%나 높다. 도매 및 소매업 취업자수 비율은 전국에 비해 약 3%, 부산보다는 약 6% 낮다. 서비스업 취업자수 비율도 낮은 편인데 전국에 비해 약 4%, 부산과 비교해서는 약 7% 낮다(<표7> 참조). 부산은 전국에 비해 도매 및 소매업, 서비스업에 종사하는 비율이 높고, 경남은 농림, 어업, 광업과 제조업에 종사하는 비율이 높다고 볼 수 있다.

<표7> 산업대분류별 취업자 수(2013년2/2)

(단위: 명,%)

	전국		부산		경남	
전체	25,545	100	1,638	100	1,643	100
농림, 어업, 광업	1,768	6.92	13	0.79	197	11.97
제조업	4,218	16.51	292	17.80	419	25.46
전기, 가스, 증기 및 수도사업	92	0.36	8	0.49	6	0.36
하수·폐기물 처리, 원료재생 및 환경복원업	79	0.31	5	0.30	6	0.36
건설업	1,804	7.06	118	7.20	95	5.77
도매 및 소매업	3,687	14.43	283	17.26	186	11.30
운수업	1,406	5.50	137	8.35	86	5.22
숙박 및 음식점업	1,997	7.82	156	9.51	114	6.93
출판, 영상, 방송통신 및 정보서비스업	678	2.65	21	1.28	16	0.97
금융 및 보험업	861	3.37	54	3.29	41	2.49
부동산업 및 임대업	496	1.94	34	2.07	25	1.52
전문, 과학 및 기술 서비스업	1,018	3.99	40	2.44	34	2.07
사업시설관리 및 사업지원 서비스업	1,173	4.59	68	4.15	38	2.31
공공행정, 국방 및 사회보장 행정	1,002	3.92	53	3.23	80	4.86
교육 서비스업	1,769	6.93	118	7.20	103	6.26
보건업 및 사회복지 서비스업	1,611	6.31	103	6.28	99	6.01
예술, 스포츠 및 여가관련 서비스업	393	1.54	24	1.46	19	1.15
협회 및 단체, 수리 및 기타 개인 서비스업	1,319	5.16	98	5.98	78	4.74
가구내 고용활동 및 달리 분류되지 않은 자가 소비 생산활동	166	0.65	15	0.91	4	0.24
서비스업*	8,140	31.87	565	34.45	448	27.22

주:* 운수업, 출판, 영상, 방송통신 및 정보서비스업, 금융 및 보험업, 부동산업 및 임대업, 교육서비스업, 보건업 및 사회복지 서비스업, 협회 및 단체, 수리 및 기타 개인 서비스업을 합한 것.
자료: 통계청, 지역별고용조사

(2) 직업별 취업현황

2012년 부산과 경남의 취업자수는 1,636천명, 1,552천명으로 전국 24,403천명의 13.1%를 차지하고 있다. 부산은 전문가 및 관련종사자가 268천명으로 16.4%로 가장 많고 판매종사자가 261천명으로 16.0%, 사무종사자가 252천명으로 15.4%, 단순노무 종사자가 229천명으로 14.0%, 장치기계조작 및 조립종사자가 217천명으로 13.3%, 기능원 및 관련 기능 종사자가 169천명으로 10.3% 순을 보이고 있다. 경남은 장치, 기계조작 및 조립 종사자가 16.6%(257천명)으로 가장 많고 다음이 사무종사자가 224천명으로 14.4%, 단순노무 종사자가 216천명으로 13.9%, 전문가 및 관련 종사자가 210천명으로 13.5%, 기능원 및 관련 기능 종사자가 191천명 12.3%, 서비스와 판매 종사자가 각 153천명, 158천명으로 10.2% 순을 보이고 있다. 부산은 판매종사자가 전국에 비해 3%이상 높고, 서비스 종사자, 기능원 및 관련 기능 종사자, 장치, 기계조작 및 조립종사자, 단순노무 종사자가 1% 전 후로 높다. 경남은 기능원 및 관련 기능 종사자와 장치, 기계조작 및 조립 종사자가 전국에 비해 3%이상 높고, 특히 농림어업 숙련 종사자가 부산보다 7%, 전국에 비해 3%이상 높은 비율을 보이고 있다. 그 외에는 단순노무종사자가 전국에 비해 1% 가량 높다(<표8> 참조).

<표8> 직업별 취업자 수(2012년)

(단위: 천명, %)

구분	전국		부산		경남	
계	24,403	100	1,636	100	1,552	100
1. 관리자	425	1.7	38	2.3	25	1.6
2. 전문가 및 관련 종사자	4,796	19.7	268	16.4	210	13.5
3. 사무 종사자	4,141	17.0	252	15.4	224	14.4
4. 서비스 종사자	2,572	10.5	193	11.8	153	10.2
5. 판매 종사자	3,055	12.5	261	16.0	158	10.2
6. 농림어업 숙련 종사자	1,124	4.6	9	0.6	118	7.6
7. 기능원 및 관련 기능 종사자	2,218	9.1	169	10.3	191	12.3
8. 장치, 기계조작 및 조립종사자	2,951	12.1	217	13.3	257	16.6
9. 단순노무 종사자	3,121	12.8	229	14.0	216	13.9

자료: 통계청, 지역별 고용조사

(3) 제조업 – 종사상지위별, 규모별 취업자수

제조업 내의 종사상 지위별 취업자 수를 보면 상용근로자가 43.9%
로 가장 많고, 임시근로자 23.8%, 자영업자 21.8%, 일용근로자
6.7%, 무급가족종사자 3.8% 순을 보이고 있다. 경남은 상용근로자
가 48.8%로 가장 많고 다음이 자영업자(25.1%), 임시근로자
(14.8%), 무급가족 종사자 순으로 나타난다. 부산은 임시근로자와
일용근로자가 전국에 비해서 높고, 경남은 전국과 비교해서 자영업
자가 3%, 무급가족종사자, 상용근로자가 2% 가까이 높다. 그에 비
해 임시근로자는 4.9%, 일용근로자는 1.6% 낮다(<표9> 참조).

<표9> 제조업체의 종사상 지위별 종사자수(2014년 5월)

(단위: 천 명, %)

	전국		부산		경남	
전체	25,811	100.0	1,680	100.0	1,650	100.0
자영업자	5,698	22.1	367	21.8	414	25.1
무급가족종사자	1,288	5.0	63	3.8	113	6.8
상용근로자	12,167	47.1	737	43.9	806	48.8
임시근로자	5,084	19.7	400	23.8	244	14.8
일용근로자	1,574	6.1	113	6.7	73	4.4

자료: 통계청, 경제활동인구조사

제조업 규모별 종사자수를 살펴보면, 전국의 10인 미만 사업체 취업자가 24.8% 인데 비해 부산은 이보다 훨씬 높은 31.1%가 10인 미만 사업체에 취업해 있고, 이와 반대로 경남은 전국에 비해 훨씬 낮은 17.5%만 10인 미만 사업체에 취업해 있다. 10인 이상 50인 미만 사업체 취업 비율은 전국 29.8%, 부산 34.7%, 경남 29.5%로 경남은 전국 수준과 비슷한 반면 부산은 10인 이상 50인 미만 사업장의 취업률도 전국에 비해 높다. 50인 이상 100인 미만 사업장의 취업률은 전국 11.3%, 부산 11.6%, 경남 12.1%로 큰 차이가 나지 않는다. 100명이상 1000명 미만 사업체에 취업해 있는 비율을 보면 전국 21.9인데 비해 부산은 이보다 낮은 17.6%, 경남은 전국보다 높은 25.4%이다. 1000명 이상 사업체에 취업해 있는 비율은 전국 12.2%인데 부산은 5.1%로 전국 수준에 미치지 못하고 있으며, 경남은 전국보다 높은 15.5%가 1000명 이상 사업체에 취업하고 있다(<표10> 참조).

<표10> 제조업 규모별 종사자수(2012년)

(단위:명, %)

계	전국		부산		경남	
계	3,715,162	100.0	205,619	100.0	418,908	100.0
1 - 4명	465,918	12.5	37,405	18.2	34,143	8.2
5 - 9명	455,173	12.3	26,613	12.9	39,103	9.3
10 - 19명	441,662	11.9	31,655	15.4	40,497	9.7
20 - 49명	666,507	17.9	39,680	19.3	82,824	19.8
50 - 99명	418,980	11.3	23,751	11.6	50,796	12.1
100 - 299명	542,345	14.6	26,510	12.9	72,949	17.4
300 - 499명	139,926	3.8	3,856	1.9	17,228	4.1
500 - 999명	131,554	3.5	5,736	2.8	16,380	3.9
1000명 이상	453,097	12.2	10,413	5.1	64,988	15.5

자료: 통계청, 전국사업체조사

3) 노동시장

(1) 인구변화 추이

부산, 경남의 인구 변화 추이를 보면 전국의 인구는 꾸준히 증가하고 있지만 부산은 1975년 이후 꾸준히 증가하여 1990년 3,854,960명으로 정점을 찍은 후 꾸준히 감소하고 있다. 이와 다르게 경남은 1980년 이후 꾸준히 증가하고 있다(<표11> 참조).

<표11> 부산,경남 인구변화 추이

(단위: 명)

	전국	부산	경남
1975	34,678,972	2,580,472	2,775,061
1980	37,406,815	3,248,232	2,689,376
1985	40,419,652	3,595,405	2,766,340
1990	43,390,374	3,854,960	2,810,194

1995	44,553,710	3,814,325	2,878,193
2000	45,985,289	3,662,884	2,978,502
2005	47,041,434	3,523,582	3,056,356
2010	47,990,761	3,414,950	3,160,154

자료: 통계청, 인구총조사

(2) 인구이동 추이

부산의 인구 전출입자 수를 보면, 2003년 이후 2013년까지 순 전입자수는 계속 마이너스(-)상태를 유지하며 연간 평균 3만 명 이상 계속 감소하고 있다. 부산이 순전입자수가 감소하는 반면, 경남은 순 전입이 두 해를 제외하곤 모두 양(+)의 상태를 유지하면서 순전입이 증가하는 추세를 보인다. 2013년 부산의 전입률과 전출률은 13%, 14%로 전출률이 1%로 높다. 2013년 경남의 전입률과 전출률은 각 12%로 차이가 없다(<표12> 참조).

<표12> 부산, 경남 인구이동 추이

년도	부산			경남		
	총전입 (명)	총전출 (명)	순이동 (명)	총전입 (명)	총전출 (명)	순이동 (명)
2003	625,355	667,618	-42,263	523,882	519,594	4,288
2004	539,108	572,337	-33,229	474,081	479,692	-5,611
2005	552,771	589,746	-36,975	493,352	487,733	5,619
2006	559,915	594,601	-34,686	496,713	495,419	1,294
2007	529,343	565,419	-36,076	491,542	483,599	7,943
2008	514,502	549,106	-34,604	487,356	474,327	13,029
2009	519,310	549,094	-29,784	485,349	474,110	11,239
2010	519,334	547,800	-28,466	481,955	478,709	3,246
2011	508,043	532,906	-24,863	473,757	469,223	4,534
2012	461,042	481,652	-20,610	414,556	417,328	-2,772
2013	478,451	496,161	-17,710	427,658	423,864	3,794

자료: 통계청, 국내인구이동통계

부산, 경남의 전입지를 살펴보면, 부산의 경우 72.2%가 부산 내 이동이고 가장 많은 인구가 이동하는 전입지는 경남으로 11.2%이다. 그 다음이 서울(4.0%), 경기(3.2%), 울산(2.3%), 경북(2.0%), 대구(1.0%) 순이다. 경남도 전입인구의 69.1%는 경남 내 이동이고 외부 이동에서 제일 많이 이동하는 전입지는 부산(10.9%)이다. 그 뒤로 서울(4.0), 경기(3.8%), 경북(2.3%), 울산(2.1%), 대구(2.0%) 이다(<표13> 참조).

<표13> 부산·경남 주요 전입지별 인구이동 수(2013년)

(단위: 명, %)

	서울	부산	대구	울산	경기	경북	경남
부산	19,621 (4.0)	358,352 (72.2)	5,027 (1.0)	11,600 (2.3)	15,931 (3.2)	9,776 (2.0)	55,750 (11.2)
경남	16,841 (4.0)	46,232 (10.9)	8,643 (2.0)	8,829 (2.1)	16,232 (3.8)	9,718 (2.3)	293,031 (69.1)

주1:이동자수 5000명 이상 전입지
주2:( )안 은 비율
자료: 통계청, 국내인구이동통계

(3) 경제활동인구

부산의 경제활동인구는 2012년 현재 1,706천 명이며 경제활동참가율은 58.1%, 실업률은 4.0%이다. 경남은 경제활동인구가 1,578천 명으로 경제활동 참가율은 58.7이며, 실업률은 1.7%이다. 전국과 비교해서 부산과 경남의 경제활동참가율은 각 2%,1.4% 낮은 편이다(<표14> 참조).

<표14> 경제활동인구(2012년)

(단위:천명, %)

행정구역)	성별	경제활동인구	취업자	실업자	비경제활동인구	경제활동참가율	고용률	실업률
전국	계	25,139	24,402	737	16,709	60.1	58.3	2.9
	남자	14,759	14,277	482	5,704	72.1	69.8	3.3
	여자	10,379	10,125	255	11,005	48.5	47.3	2.5
부산	계	1,706	1,637	69	1,232	58.1	55.7	4.0
	남자	989	941	48	423	70.0	66.6	4.9
	여자	717	696	21	809	47.0	45.6	2.9
경남	계	1,578	1,551	27	1,108	58.7	57.7	1.7
	남자	962	946	16	367	72.4	71.2	1.6
	여자	617	605	12	741	45.4	44.6	1.9

자료: 통계청, 지역별고용조사

연령별 인구분포를 보면 부산의 경우 60세 이상 인구가 23.4%로 가장 높고, 50-59세가 20.5%, 40-49세가 18.2%, 30-39세가 16.3%, 20-29세가 14.6%, 15-19세가 7.0%로 연령이 낮을수록 인구비율도 낮아지고 있다. 경남도 60세 이상 인구가 22.4%로 가장 높고 40-49세가 20.4%, 50-59세가 18.8%, 30-39세가 17.9%, 20-29세가 12.5%, 15-19세가 7.9%로 연령이 낮을수록 인구비율도 낮아진다.

전국과 비교해서 부산과 경남 모두 60세 이상 인구비율이 전국보다 높으며 부산은 50-59세 비율도 전국보다 높다. 30-39세 비율은 전국에 비해 부산은 2% 낮으며, 경남은 전국과 비슷한 수준이다. 20-29세 비율에서는 부산은 전국과 비율이 비슷한데 비해 경남은 2.4% 낮은 수치를 보이고 있다. 15-19세는 부산, 경남 모두 전국과 큰 차이를 보이지 않고 있다(<표15> 참조).

표15

<표15> 연령별인구분포(2014년 1/4)

(단위: 천명)

계	전국		부산		경남	
	42,342	100	2,954	100	2,719	100
15 - 19세	3,218	7.6%	206	7.0%	215	7.9%
20 - 29세	6,308	14.9%	432	14.6%	341	12.5%
30 - 39세	7,766	18.3%	482	16.3%	487	17.9%
40 - 49세	8,452	20.0%	538	18.2%	554	20.4%
50 - 59세	7,796	18.4%	605	20.5%	512	18.8%
60세 이상	8,803	20.8%	691	23.4%	610	22.4%

자료: 통계청, 경제활동인구조사

경제활동인구의 교육정도별 분포를 보면 부산, 경남 모두 고졸인구 비율이 39.1%, 38%로 가장 높다. 대졸이상은 전국이 34.0%인데 부산은32.3%, 경남은29.0%로 전국에 비해 1.7%, 5% 낮다. 중졸의 경우에는 부산, 경남이 전국에 비해 1.5%, 2.3% 높으며, 초졸 이하는 부산과 경남이 차이를 보이는데 부산은 전국과 비슷한 비율인데 반해 경남은 2.3% 높은 비율을 보여준다(<표16> 참조).

<표16> 경제활동인구 교육정도별 분포(2014년1/4)

(단위: 천명)

계	전국		부산		경남	
	42,342	100%	2,954	100%	2,719	100%
초졸이하	6,013	14.2%	409	13.8%	475	17.5%
중졸	5,620	13.3%	436	14.8%	423	15.6%
고졸	16,318	38.5%	1,155	39.1%	1,034	38.0%
대졸이상	14,391	34.0%	954	32.3%	788	29.0%
-전문대졸	4,496	10.6%	305	10.3%	281	10.3%
-대학교졸이상	9,895	23.4%	649	22.0%	506	18.6%

주: 15세이상인구 중 군인, 전투경찰, 공익근무요원, 형이 확정된 교도소 수감자는 제외
자료: 통계청, 경제활동인구조사

(4) 거주외국인

2013년 현재 부산 거주 외국인은 35,943명이며 이들의 국적별 비율을 보면 중국이 8,884명(24.7%)로 가장 많고, 베트남이 6,699명으로 18.6%이다. 한국계 중국인이 3,288명으로 9.1%이고 인도네시아 2,093명 5.8%, 필리핀 1,794명 5.0%이다. 그 외, 대만(4.6%), 우즈베키스탄(3.7%), 미국(3.6%), 캄보디아(2.2%), 미얀마(2.2%), 스리랑카(2.1%), 러시아(1.7%), 네팔(1.6%), 태국(1.5%) 등 다양한 국적의 외국인들이 거주하고 있다.

<표16> 부산국적별거주외국인(2013년)

(단위: 명)

합계	35,943	100.0%
중국	8,884	24.7%
베트남	6,699	18.6%
한국계 중국인	3,288	9.1%
인도네시아	2,093	5.8%
필리핀	1,794	5.0%
대만	1,652	4.6%
우즈베키스탄	1,313	3.7%
미국	1,295	3.6%
일본	1,143	3.2%
캄보디아	790	2.2%
미얀마	788	2.2%
스리랑카	743	2.1%
러시아	617	1.7%
네팔	578	1.6%
태국	538	1.5%
기타	3,728	10.4%

자료: 부산광역시, 주민등록인구통계

2011년 현재 경남에 거주하는 외국인은 65,960명으로 베트남 국적이 16,879명으로 25.6%를 차지하고 있으며 다음은 중국 16,019명으로 24.3%이다. 두 나라를 제외하곤 5% 이상 10%에 못미치는 비율로 우즈베키스탄(7.8%), 인도네시아(7.7%), 필리핀(5.3%), 스리랑카(5.1%) 등의 순으로 외국인이 거주하고 있다. 태국(3.1%), 캄보디아(2.6%), 미국(2.3%), 네팔(2.0%), 파키스탄(1.8%), 일본(1.5%), 몽골(1.5%), 방글라데시(1.0%) 등의 외국인이 거주하고 있다(<표17> 참조).

<표17> 경남국적별거주외국인(2011년)

(단위: 명)

계	65,960	100.0%
베트남	16,879	25.6%
중국	16,019	24.3%
우즈베키스탄	5,175	7.8%
인도네시아	5,093	7.7%
필리핀	3,465	5.3%
스리랑카	3,374	5.1%
태국	2,019	3.1%
캄보디아	1,711	2.6%
미국	1,544	2.3%
네팔	1,339	2.0%
파키스탄	1,164	1.8%
일본	1,002	1.5%
몽골	969	1.5%
방글라데시	676	1.0%
기타	5,531	8.4%

자료: 경상남도, 주민등록인구통계

4) 주요산업단지

2012년 현재 전국에 지정되어 있는 산업단지는 총 993개이며 지정면적은 1,360㎢이다. 유형별로는 국가산업단지가 41개로 4.1%, 일반산업단지 497개로 50.0%, 도시첨단단지가 11개로 1.1%, 농공단지가 444개로 44.7%의 비중을 차지하고 있으며, 단지 기준으로는 일반산업단지의 수가 가장 많은 것으로 나타났지만 면적기준으로는 국가산업단지가 58.3%, 일반산업단지 및 도시첨단산업단지가 36.5%, 농공단지가 5.2%의 비중을 차지하고 있다(마상열, 2013).

2012년 현재 부산광역시는 2개의 일반산업단지가 신규로 지정되어 국가 1개, 일반 21개 , 도시첨단 1개, 농공1개 등 총 24개의 산업단지가 있으며, 입주기업은 4,066개사, 고용인원은 77천 여 명, 생산액은 61,638억 원에 이르고 있다(<표18> 참조).

2012년 경남에 지정되어 있는 산업단지는 총 160개이며 유형별로는 국가산업단지가 7개로 4.4%, 일반산업단지 71개로 44.4%, 도시첨단산업단지가 1개로 0.6%, 농공단지가 81개로 50.6%를 차지한다(<표18> 참조). 단지 기준으로는 농공단지의 수가 가장 많은 것으로 나타났지만 면적기준으로는 국가산업단지가 47.83%, 일반산업단지 42.3%, 도시첨단산업단지가 0.1%, 농공단지가 9.7%의 비중을 차지하고 있다(홍진기외, 2013).

경남 전체 산업단지 총고용 현황을 살펴보면 196,224명으로 유형별로는 국가산업단지가 126,845명으로 64.6%, 일반산업단지 46.541명으로 23.7%, 농공단지가 23,142명으로 11.8%의 비중을 차지한다. 전국 산업단지 수에서 부산이 차지하는 비중은 2.5%이며, 전국 산업단지 생산액에서 차지하는 비중은 2.4%, 전국 산업단지 고용인원에서 차지하는 비중은 11.3%이다. 경남은 부산에 비해 그 비중이 훨씬 큰 편으로 전국 산업단지 수에서 경남이 차지하는 비중은 16.7%, 전국산업단지 생산액에서 차지하는 비중은 9.9%, 전국산업단지 고용인원에서 차지하는 비중은 11.3%이다(<표18> 참조).

<표18> 부산/경남 산업단지(2012년 1/4)

시도	유형	단지수(개)	입주업체(개)	생산(억원)	고용(명)
전국	국가	40	44,989	1,680,322	977,434
	일 반	479	22,052	751,243	626,432
	도시첨단	9	142	399	1,087
	농 공	432	6,064	120,656	138,306
부산	국가	1	1,486	28,601	35,221
	일 반	21	2,535	31,372	39,490
	도시첨단	1	22		-
	농 공	1	23	1,665	1,837
경남	국가	7	2,308	202,708	126,845
	일 반	71	1,513	30,654	46,541
	도시첨단	1	-		-
	농 공	81	936	20,119	23,142

자료: 한국산업단지공단, 전국산업단지현황통계(2012년1/4분기)

부산의 주요 산업단지로는 녹산국가산업단지, 신평장림공업단지, 부산센텀시티일반산업단지, 신호일반산업단지, 부산과학일반산업단지, 화전일반산업단지, 정관일반산업단지 등이 있다. 이중 고용인원이나 생산액이 큰 산업단지가 녹산국가산업단지로 고용인원 35,744명, 생산액 83,955억원이며, 신평장림공업단지가 고용인원 16,936명, 생산액 36,526억원, 신호일반산업단지가 고용인원 3,740명, 생산액 20,814억원, 화전일반산업단지가 고용인원 5,945명 생산액 10,239억원이다(<표19> 참조). 녹산국가산업단지는 부산 강서구 녹산동에 위치하고 있으며 유치업종이 섬유·의복, 석유·화학, 조립금속, 기계 등이다. 신평장림공업단지는 부산 사하구 신평, 장림, 다대에 걸쳐 있으며 유치업종은 도금·피혁, 염색, 기계부품, 일반제조업이다. 신호일반산업단지는 부산 강서구 신호동에 있으며 자동차 및 트레일러, 기계 및 조립금속이 유치업종이다. 화전일반산업단지는 경제자유구역으로 부산 강서구 신호, 화전에 위치해 있으며 1차 금속, 금속가공제품, 기타 기계장비제조 단지이다(부산광역시 「내부자료」,2010; 유영명 외, 2006에서 참조).

<표19> 부산 주요 산업단지(2012년)

농공단지별	총면적 (천m²)	입주업체수 (개소)	가동업체 (개소)	가동률 (%)	종업원수 (명)	생산액 (억원)
계	21,439	3,908	3,684	94.0	83,797	180,716
부산센텀시티일반산업단지	1,178	877	877	100.0	12,083	2,750
신평장림공업단지	2,815	654	630	96.0	16,936	36,526
녹산국가산업단지	6,998	1,544	1,435	93.0	35,744	83,955
신호일반산업단지	3,122	91	86	95.0	3,740	20,814
부산과학일반산업단지	1,962	185	172	93.0	3,855	8,173
정관농공단지	258	23	23	100.0	1,622	4,873
정관일반산업단지	1,209	163	154	94.0	2,751	8,442
기룡1 일반산업단지	83	1	1	100.0	106	680
기룡2 일반산업단지	46	2	-	-	-	-
장안일반산업단지	1,320	50	21	42.0	1,015	4,264
화전일반산업단지	2,448	318	285	90.0	5,945	10,239

자료: 부산광역시, 부산광역시기본통계

경남지역 내 산업단지 지정 현황을 시·군별로 보면 대규모 국가산업단지가 입지한 통합 창원시가 경남 전체 지정면적의 36.8%를 차지하고 있고 거제(12.3%). 함안(7.2%), 사천(6.5%), 하동(6.1%) 등의 순으로 나타난다(홍진기 외, 2013). 경남의 주요 산업단지로는 창원국가산업단지, 진해국가산업단지, 안정국가산업단지, 사천 제1산업단지 등이 있다. 창원국가산업단지는 고용인원 89,245명, 생산액 130.231억원이며, 진해국가산업단지는 고용인원 3,688명, 생산액 12,428억원, 안정국가산업단지는 고용인원 9,557명, 생산액 5,489억원, 사천제1,2산업단지는 고용인원 9,369명, 생산액 7,924억원이다(<표20> 참조).

창원국가산업단지는 창원시에 위치하고 있으며 중화학공업 육성정책에 의한 세계적인 첨단기계 산업단지로 조성되었다. 주력업종은 기계, 조선산업이다. 진해국가산업단지는 중형조선소 및 조선기자재 부품 생산공장이 입주해 있으며 경상남도 창원시 진해구에 위치해 있다. 안정국가산업단지는 남부권 에너지(천연가스) 공급능력 확보를 위한 LNG인수기지로 건설되었으며 통영시 광도면에 위치해 있다. 사천제1산업단지는 21세기 항공우주산업 등 기술집약형 첨단산업을 육성하기 위해 조성된 산업단지로 사천시 사천면에 위치해 있으며 주 입주업종은 운송장비, 제1차금속산업, 음향통신장비, 담배제조업이다. 사천제2산업단지는 사천시 사남면에 위치해 있으며 주 입주업종은 항공, 수송기기, 전자·전기 및 정보·재료·소재산업 등이다(한국산업단지공단).

<표20> 경남주요산업단지

산업단지	총면적 (천m²)	입주업체수 (개소)	가동업체 (개소)	종업원수 (명)	생산액 (억원)
안정국가산업단지	3,869	10	10	9,557	5,489
진해국가사업단지	3,138	3	3	3,688	12,428
창원국가산업단지	36,756	2,292	2,104	89,245	130,231
사포일반산업단지	746	37	21	2,953	70
사천제1산업단지	2,555	38	31	5,495	612
사천제2산업단지	1,617	33	28	3874	7,312
산막일반산업단지	995	119	3	2629	
양산일반산업단지	1,529	100	100	9125	4,400
어곡일반산업단지	1,268	129	129	3811	1,100
진주상평일반산업단지	2,135	536	536	8072	3,380
마천일반산업단지	611	108	99	2482	3,400
칠서일반산업단지	3,067	91	80	2905	6,700

자료:한국산업관리공단, 전국산업단지현황통계(2012년)

참고자료

문헌

권기철(2006), 「부산광역권의 제조업 고용변통과 인구이동의 관계 및 인구이
    동의 균형화효과」, 『경제연구』 제24권 3호, 97-123쪽.

마상열(2013), 『경남지역 노후 산업단지 재정비 방안』, 경남발전연구원.

송부용(2000), 『경남산업진흥을 위한 노동시장의 혁신 및 분기별 실업대책』,
    경남개발연구원.

_____(2013), 『경남지역 제조업 부문별 미래 인력 수요 전망과 대책』, 경남개
    발연구원.

이학원(2002), 『한국의 경제개발·국토개발·공업개발정책과 국토공간구조의
    변화』, 강원대학교 출판부.

임정덕(2000), 「도시와 도시 부산」, 『부산도시론』, 임정덕·황영우 공편, 부산
    발전연구원.

유영명·이정훈·주수현(2011), 「전국산업단지와 비교한 녹산산업단지의 경
    쟁력 분석」, 『지방정부연구』 제15권 제3호, 55-74쪽.

황영우(2000), 「도시화의 추세와 지역적 과제」, 『부산도시론』, 임정덕·황영
    우 공편, 부산발전연구원.

홍진기·김영진·박민렬(2013), 『경남지역 주요 산업단지의 경쟁력 평가 및
    정책과제』, 한국은행경남본부.

전국산업단지현황통계 2012년 1/4분기(2012), 한국산업단지공단.

사이트

한국산업단지공단 e클러스터
        https://www.e-cluster.net/new_app/main/login/index.jsp

통계청 http://kosis.kr/

부산광역시청 http://www.busan.go.kr/

경상남도 통계 http://stat.gsnd.net/jsp/main/main.jsp